KB145137

키바나 7 배우기 2/e

키바나 7 배우기 2/e

데이터 시각화 기능을 활용한 일래스틱 대시보드 구축

아누라그 스리바스타바 · 바할딘 아자미 지음 정현지 옮김

에이콘

엄마, 아빠, 아내 찬찰(Chanchal), 아들 안빗(Anvit)에게

– 아누라그 스리바스타바(Anurag Srivastava)

| 지은이 소개 |

아누라그 스리바스타바^{Anurag Srivastava}

다국적 소프트웨어 회사의 선임 기술 책임자다. 웹 기반 애플리케이션 개발 분야에서 12년 이상의 경력을 쌓았다. 확장 가능한 가용성 애플리케이션용 아키텍처 설계의 전문가로, 지난 10년간 전문 경력을 쌓아온 전 세계의 개발 팀 및 여러 고객과 협업했다. 또한 시스템 메트릭 데이터, 로그 데이터, 애플리케이션 데이터, 관계형 데이터베이스를 사용해 대시보드를 생성할 때의 일래스틱 스택(일래스틱 서치, 로그스태시^{Logstash}, 키바나)에 상당한 경험이 있다. 팩트출판사가 출판한 『Mastering Kibana 6.x』(2018), 『Kibana 7 Quick Start Guide』(2019)를 저술했다.

바할딘 아자미^{Bahaaldine Azarmi}

일래스틱의 EMEA South 지역 솔루션 책임자다. 이 일을 하기 전에 사용자 행동과 소셜 분석에 중점을 둔 마케팅 데이터 플랫폼인 리치파이브^{ReachFive}를 공동 설립했다. 또한 탈렌드^{Talend}와 오라클^{Oracle}을 비롯한 여러 소프트웨어 공급업체에서 근무하면서 솔루션 설계자로 근무했다. 『일래스틱 스택을 이용한 머신러닝』(에이콘, 2020), 『키바나 5.0 배우기』(에이콘, 2017), 『Scalable Big Data Architecture』(Apress, 2015), 『Talend for Big Data』(Packt, 2014) 등의 책을 저술했다. 현재 파리에 거주하고 있으며, Polytech'Paris에서 컴퓨터 과학 석사 학위를 취득했다.

| 기술 감수자 소개 |

자코모 베네리^{Giacomo Veneri}

시에나대학교^{University of Siena}에서 컴퓨터 과학을 전공했다. 신경 과학 분야의 박사학위를 소지하고 있으며, 다양한 과학 출판물을 보유하고 있다. Predix IoT 인증을 받은 영향력 있는 사람이며, SCRUM과 Oracle Java 인증을 받았다. IT 아키텍트와 팀 리더로 20년의 경력이 있고, 2013년부터 석유와 가스, 운송 분야에서 IoT 전문가로 활동해 왔다. 현재 토스카나^{Tuscany}에서 살고 있으며, 사이클링을 좋아한다. 또한 팩트출판사에서 출간한 『Hands-On Industrial Internet of Things』(2018)와 『Maven Build Customization』(2014)의 저자이기도 하다.

| 옮긴이 소개 |

정현지(localchung@gmail.com)

대학교 시절부터 컴퓨터와 정보 보안을 오랫동안 연구해 왔다. 현재 고려대학교 정보보호대학원에서 박사후 연구원으로 연구 활동을 이어가고 있다. 특히 새로운 기술을 연구하고 이를 글로 쉽게 작성해 다른 사람을 이해시키는 것에 관심이 많다. 최근에는 대용량 데이터 분석과 시각화 기법을 연구 중이며, 이것의 일환으로 이 책의 번역에 도전했다.

우리는 하루에도 수많은 데이터를 만들어내는 데이터의 홍수 속에서 살고 있습니다. 사람의 삶이 녹아든 데이터를 분석하는 과정 속에서 사람들의 관심사를 파악할 수 있고, 미래의 행동을 예측할 수도 있습니다. 다양한 목적으로 데이터 분석 기술이 활용될 수 있는데, 대량의 데이터를 신속하고 효율적으로 분석해 의미를 찾아내려면 시각적으로 표현하는 기술이 함께 필요합니다. 키바나는 이를 위해 최적화된 도구입니다. 키바나는 검색 엔진인 일래스틱서치를 기반으로 동작해 사용자가 데이터를 처리하고 분석하며 시각화할 수 있다는 점에서 강력합니다.

이 책은 키바나를 사용하고자 환경을 설정하는 방법부터 부가적인 기능들 설치하고 활용하는 방법을 상세하게 단계별로 설명합니다. 자세한 설명은 초보자도 키바나를 쉽게 이해하고 활용할 수 있게 합니다.

디지털 시대에서 사람이나 디지털 기기들이 생성하는 데이터를 분석하는 것은 세상을 좀 더 새롭게 바라볼 수 있는 기회를 줍니다. 특히 데이터의 양이 점차 방대해지는 빅데이터 시대에는 데이터를 효과적으로 분석하기 위한 방법으로 시각화를 활용할 수 있습니다. 저는 이러한 분야로 연구를 하는 도중에 이 책을 만나게 됐고 번역할 수 있는 기회를 얻었습니다. 독자들도 키바나 7을 이용해 다양한 데이터를 시각화함으로써 새로운 의미와 시각을 얻을 수 있기를 바랍니다.

| 차례 |

1부   키바나 7의 이해   27

1장   키바나용 데이터의 이해   29

2부 데이터 탐색   93

3장 키바나를 사용한 비즈니스 분석   95

4부　고급 키바나 옵션　　217

 에이콘출판의 기틀을 마련하신 故 정완재 선생님(1935-2004)

이 책은 다양한 사용 사례로 키바나의 핵심 개념과 실제 구현을 이해하는 데 도움을 준다. 먼저 비츠^{Beats}나 로그스태시^{Logstash}를 사용해 다른 소스에서 일래스틱서치로 데이터를 수집하는 방법을 다룬다. 그런 다음 키바나에서 데이터를 탐색, 분석하고 시각화하는 방법을 보여준다. 이 책은 시계열 데이터로 재생할 수 있는 타임라이온^{Timelion}을 사용해 복잡한 그래프를 작성하고 대시보드에 다른 시각화와 함께 표시한 다음 웹 페이지에 대시보드 또는 시각화를 포함시키는 방법을 설명한다. 또한 APM 서버와 APM 에이전트를 설치하고 구성해 APM을 사용해 애플리케이션을 모니터링하는 방법을 알아본다. 캔버스를 사용해 멋진 시각화를 만드는 방법을 살펴보고 보안, 경고, 모니터링, 머신러닝의 사용자, 역할 관리와 같은 다양한 X-Pack 기능도 다룬다. 마지막으로 머신러닝 작업을 생성해 데이터에서 이상치를 찾는 방법도 설명한다.

▌이 책의 대상 독자

일래스틱^{Elastic} 개발자, 데이터 분석가, 키바나 7의 새로운 기능을 배우려는 사람은 이 책을 매우 유용하게 활용할 수 있다. 키바나에 대한 어떠한 사전 지식도 필요하지 않다. 일래스틱서치 사용 경험이 도움이 되지만 필수는 아니다.

▌이 책의 구성

1장, 키바나용 데이터의 이해에서는 업계의 주요 과제, 일래스틱 스택의 구성 방식, 일부 사용 사례를 구현하는 데 사용할 데이터를 설명해 데이터 드라이브 아키텍처 개념을 소개한다.

2장, 키바나 설치와 환경설정에서는 여러 플랫폼에 일래스틱 스택을 설치하는 과정을 설명한다.

3장, 키바나를 사용한 비즈니스 분석에서는 실제 분석을 통해 비즈니스 분석 사용 사례가 무엇인지 설명하고, 데이터 수집 프로세스를 알려준다.

4장, 키바나를 사용한 데이터 시각화에서는 시각화와 대시보드를 설명한다. 이러한 시각화를 사용해 대시보드를 만드는 방법으로 넘어 가기 전에 다른 시각화를 만드는 방법을 알아본다.

5장, 데브 툴즈와 타임라이온에서는 키바나의 데브 툴즈(Dev Tools)와 타임라이온(Timelion)에 중점을 둔다. 키바나 인터페이스에서 바로 일래스틱서치 쿼리를 실행하고자 콘솔을 사용하는 것과 같은 다양한 데브 툴즈 옵션을 배운다. 그런 다음 검색 프로파일러(Search Profiler)를 사용해 일래스틱서치 쿼리를 프로파일링하고 Grok 디버거(Debugger)를 사용해 로그스태시(Logstash)를 통해 구조화되지 않은 데이터를 구조화된 데이터로 변환할 수 있는 Grok 패턴을 작성한다. 그 후 키바나 Visualize 옵션을 사용해 만들 수 없는 특정 사용 사례에 대한 복잡한 시각화를 만들 수 있도록 연결할 수 있는 기능을 타임라이온이 제공하므로 시계열(Time-Series) 데이터로 재생할 수 있는 타임라이온을 다룬다.

6장, 키바나에서 공간과 그래프 탐색에서는 그래프 분석을 제공하는 일래스틱 스택 Graph 플러그인을 설명한다. Graph 플러그인이 해결하려고 하는 주요 사용 사례를 살펴보고 데이터와 상호작용하는 방법을 살펴본다. 그런 다음 다른 공간을 만들고 다른 역할과 사용자로 공간을 추가하는 방법을 다룬다.

7장, 일래스틱 스택 기능에서는 일래스틱 기능의 중요성을 설명한다. 사용자와 역할 관리를 사용해 보안을 다루고 CSV와 PDF 보고서를 내보낼 수 있는 보고 기능을 다룬다. 그런 다음 모니터링을 사용해 전체 일래스틱 스택을 모니터링하는 방법을 살펴보고 와처^{Watcher}를 통해 값이 지정된 임곗값을 초과할 때마다 이메일을 보내도록 경보 시스템을 구성한다.

8장, 키바나 캔버스와 플러그인에서는 키바나 캔버스^{Canvas}와 이를 사용해 사용자 지정 대시보드를 만드는 방법을 설명한다.

9장, 애플리케이션 성능 모니터링에서는 애플리케이션 성능 모니터링^{APM, Application Performance Monitoring}과 애플리케이션을 모니터링하도록 구성하는 방법을 설명한다. APM 서버 설치를 다루고 APM 에이전트에서 데이터를 받도록 구성한다. 그런 다음 애플리케이션 데이터를 가져 오고자 애플리케이션과 함께 APM 에이전트의 설치 및 구성을 다룬다. 마지막으로 내장 APM UI나 키바나 대시보드를 사용해 데이터를 탐색하는 방법을 설명한다.

10장, 키바나를 사용한 머신러닝에서는 머신러닝을 소개하고, 데이터에서 이상치를 찾고, 미래 추세를 예측하는 방법을 설명한다.

▋ 이 책의 활용 방법

일래스틱 스택, 특히 일래스틱서치, 키바나, 비츠^{Beats}, 로그스태시, APM을 설치해야 한다. 모든 소프트웨어는 http://www.elastic.co/downloads에서 다운로드할 수 있다. 일래스틱 스택은 다양한 머신과 설정의 다양한 환경에서 실행할 수 있다. 지원 매트릭스는 https://www.elastic.co/support/matrix에 있다.

▌예제 코드 다운로드

이 책에서 사용된 예제 코드는 에이콘출판사의 도서정보 페이지인 http://www.
acornpub.co.kr/book/learning-kibana7에서 다운로드할 수 있다.

또한 http://www.packtpub.com/support를 방문해 이메일을 등록하면 예제 코드
를 받을 수 있으며, 이 링크를 통해 원서의 Errata도 확인할 수 있다.

깃허브 https://github.com/PacktPublishing/Learning-Kibana-7-Second-Edition
에서도 동일한 예제 코드를 다운로드할 수 있다.

컬러 이미지 다운로드

이 책에서 사용하는 스크린샷/다이어그램의 컬러 이미지를 포함하고 있는 PDF 파일
을 제공한다. 이 파일은 http://www.acornpub.co.kr/book/learning-kibana7에서
다운로드할 수 있다.

▌편집 규약

이 책에는 몇 가지 유형의 텍스트가 사용된다.

텍스트 안의 코드: 텍스트 내에 코드가 포함된 유형으로, 데이터베이스 테이블 이
름, 사용자 입력란 등이 이에 포함된다. 예를 들어 다음과 같다.

"CentOS와 이전 레드햇^{Red Hat} 기반 배포의 경우 yum 명령을 사용할 수 있다."

코드 블록은 다음과 같이 표시한다.

```
input {
    file {
        path => "/home/user/Downloads/Popular_Baby_Names.csv"
        start_position => beginning
    }
}
```

코드 블록의 특정 부분에 주의를 기울여야 할 때 관련 행이나 항목을 굵게 표시한다.

```
elasticsearch {
    action => "index"
    hosts => ["127.0.0.1:9200"]
    index => "Popular_Baby_Names"
}
```

커맨드라인 입력이나 출력은 다음과 같이 표시한다.

```
unzip elasticsearch-7.1.0-windows-x86_64.zip
cd elasticsearch-7.1.0/
```

새로운 용어와 중요한 단어는 고딕체로 표시한다. 메뉴 또는 대화상자와 같이 화면에 표시되는 단어는 본문에 다음과 같이 표시한다.

"이제 Next step 버튼을 클릭해야 한다."

경고나 중요한 노트는 이와 같이 나타낸다.

 팁이나 요령은 이와 같이 나타낸다.

▌독자 의견

독자 의견은 언제나 환영한다.

오탈자: 내용의 정확성을 위해 모든 노력을 기울였음에도 오류가 있을 수 있다. 이 책에서 잘못된 것을 발견하고 전달해준다면 매우 감사할 것이다. http://www.packtpub.com/submit-errata에서 해당 책을 선택하고 Errata Submission Form 링크를 클릭한 다음 발견한 오류 내용을 입력하면 된다. 한국어판의 정오표는 에이콘 출판사의 도서정보 페이지 http://www.acornpub.co.kr/book/learning-kibana7 에서 볼 수 있다.

저작권 침해: 어떤 형태로든 불법 복제물을 인터넷에서 발견한다면 적절한 조치를 취할 수 있도록 해당 주소나 사이트명을 알려주길 바란다. 의심되는 불법 복제물의 링크는 copyright@packtpub.com으로 보내주길 바란다.

질문: 이 책과 관련해 질문이 있다면 questions@packtpub.com으로 문의하길 바란다. 한국어판에 관한 질문은 에이콘출판사 편집 팀(editor@acornpub.co.kr)이나 옮긴이의 이메일로 문의하길 바란다.

키바나 7의 이해

1부에서는 일래스틱 스택Elastic Stack에 대한 기본적인 소개부터 시작해 일래스틱 스택 7의 새로운 기능을 설명하고, 일래스틱 스택의 설치 과정을 다룬다. 1부의 후반부에서는 키바나Kibana에서 인덱스 패턴을 만드는 방법을 설명한다.

1부에서 다루는 내용은 다음과 같다.

- 1장, 키바나용 데이터의 이해
- 2장, 키바나 설치와 환경설정

키바나용 데이터의 이해

우리는 데이터가 기하급수적으로 증가하고 있는 디지털 세계에 살고 있다. 모든 디지털 기기는 주기적으로 데이터를 전송하고, 전송된 데이터는 저장된다. 대량의 데이터를 저장하는 것은 큰 문제가 아니다. 저렴한 비용으로 하드 드라이브를 사용해 원하는 만큼의 데이터를 저장할 수 있다. 가장 중요한 것은 필요로 하거나 원하는 정보를 얻는 것이다. 데이터를 이해하면 데이터를 분석하거나 시각화할 수 있다. 이러한 데이터는 회계, 인프라, 건강관리, 비즈니스, 의료, **사물 인터넷**IoT, Internet of Things 등과 같은 모든 도메인의 데이터일 수 있으며, 구조화된 형태이거나 구조화되지 않은 형태일 수 있다. 모든 조직의 주요 과제는 저장한 데이터를 이해하고, 필요한 정보를 얻고자 분석하고, 시각화해서 이해하기 쉬운 시각적인 형태의 데이터에서 통찰력을 얻음으로써 관리자가 빠르게 결정을 내릴 수 있게 하는 것이다.

그러나 다음과 같은 이유로 데이터에서 정보를 가져오기 어려울 수 있다.

- **데이터 복잡성**: 문제의 근본 원인을 찾는 것은 쉽지 않다. 예를 들어 한 달 중 특정 날짜에 도시의 교통 시스템이 잘못 작동하는 이유를 알고 싶다고 가정해보자. 이 문제는 모니터링하지 않은 다른 데이터에 달려있다. 이 경우 해당 달의 날씨 데이터를 확인해 더 쉽게 이해할 수 있다. 그런 다음 데이터 간의 상관관계를 찾고 패턴을 찾을 수 있다.

- **다양한 출처**: 한 데이터 세트는 다른 데이터 세트에 의존할 수 있으며 두 가지 다른 출처에서 올 수 있다. 서로 의존하는 모든 데이터 출처에 접근할 수 없는 경우가 있고, 이러한 상황에서는 관심 있는 출처가 아닌 다른 출처에서 데이터를 이해하고 수집하는 것이 중요하다.

- **빠른 속도로 성장**: 디지털 시대가 되면서 점점 더 많은 데이터가 수집된다. 데이터가 더 빠른 속도로 증가함에 따라 보존해야 할 사항, 보존 방법과 방대한 양의 데이터를 처리해 관련 정보를 얻는 방법에 관한 문제도 발생한다. 일래스틱 스택으로 데이터를 저장한 다음 키바나에서 분석하고 시각화해 다른 출처의 데이터를 저장할 수 있으므로 일래스틱 스택을 사용해 이러한 문제를 해결할 수 있다. 키바나는 데이터를 이용할 수 있는 많은 기능을 제공해 데이터 분석 문제를 해결하며, 데이터로 많은 작업을 수행할 수 있다. 이 책에서는 모든 기능을 설명하며, 실제 구현도 다룰 것이다.

1장에서 다루는 내용은 다음과 같다.

- 산업 데이터의 분석과 시각화 문제
- 키바나에서 분석할 데이터 이해
- 기존 도구를 사용한 제한 사항
- 일래스틱 스택의 구성 요소

▌산업 과제

산업에 따라 사용 사례는 데이터 사용 측면에서 매우 다를 수 있다. 특정 산업에서 데이터는 보안 분석이나 주문 관리 등 다양한 방식과 목적으로 사용하고, 데이터 는 다양한 형식과 다양한 규모로 제공된다. 예를 들어 통신 산업에서는 100,000개 의 네트워크 장치에서 데이터를 가져오는 서비스 품질에 관한 프로젝트가 일반적 이다.

이러한 산업의 과제는 방대한 양의 데이터를 처리하고 결정을 내릴 수 있는 실시 간 시각화를 하는 것이다. 데이터 캡처는 일반적으로 애플리케이션에서 수행되 지만, 이 데이터를 활용해 실시간 대시보드를 만드는 것은 어려운 일이다. 이를 위해 비츠^{Beats}와 로그스태시^{Logstash}를 키바나와 함께 사용해 다른 출처의 데이터 를 넣고, 일래스틱서치^{Elasticsearch}를 사용해 해당 데이터를 저장한 후 키바나를 사 용해 데이터를 분석하고 시각화할 수 있다. 산업계의 문제를 요약하면 다음과 같다.

- 많은 양의 데이터를 다루는 방법
- 데이터 통찰력을 쉽게 얻을 수 있도록 데이터를 효과적이고 실시간으로 시각화하는 방법

이러한 문제가 해결되면 데이터의 시각적인 패턴을 쉽게 인식할 수 있으며, 이를 바탕으로 수많은 데이터를 탐색하는 노력을 하지 않고도 필요한 정보를 얻을 수 있다. 이제 데이터 캡처의 문제를 이해하는 데 도움이 되는 실제 시나리오를 설명 한다. 간단한 사용 사례를 통해 문제를 설명하고 이를 해결하는 데 사용할 수 있는 기술을 설명한다.

산업에서의 문제점을 설명하는 사용 사례

대량의 데이터를 받는 방식을 고려할 경우 구조화되거나 구조화되지 않은 데이터를 얻는 데 사용할 수 있는 다양한 출처가 있다는 것을 알게 될 것이다. 디지털 세계에서는 계속해서 데이터를 생성하고 생성된 데이터를 중앙 서버로 보내는 데 많은 기기를 사용한다. 예를 들어 접속한 애플리케이션에서 데이터를 생성하고, 사용하는 스마트폰이나 스마트 워치도 데이터를 생성하며, 운송에 사용하는 택시 서비스, 철도, 항공 여행 시스템도 모두 데이터를 생성한다.

시스템과 실행 중인 프로세스도 데이터를 생성하므로 이러한 방식으로 데이터를 얻을 수 있는 여러 가지 방법이 있다. 이런 데이터를 정기적으로 가져와 컴퓨터의 실제 드라이브에 축적하거나 탐색하기 어려운 데이터 센터 내에 숨길 수 있다. 이 데이터를 탐색하고 분석하려면 다른 위치(예, 로그 파일, 데이터베이스, 애플리케이션)에서 데이터를 추출하고, 구조화되지 않은 데이터 형식을 구조화된 데이터 형식으로 변환해야 한다. 그 후에 변환된 데이터를 분석하고자 접근할 수 있는 중앙 저장소로 이동시킨다. 시스템에서 이러한 데이터 스트리밍 흐름은 확장할 수 있고 분산된 방식으로 적절한 아키텍처를 제공, 변환, 저장, 접근해야 한다.

실시간 쿼리 응답을 유지하면서 점점 더 많은 양의 데이터를 처리해야 하는 최종 사용자는 확장성이나 성능 저하로 인해 기존 관계형 데이터베이스나 데이터웨어 하우징 솔루션에서 벗어난다. 이런 솔루션은 쉽게 모니터링할 수 있는 고분산 클러스터 데이터 저장소에서 점점 더 많이 발견되고 있다. 여러 산업에서 만나는 가장 일반적인 사용 사례 중 하나인 애플리케이션 모니터링을 예로 살펴보자. 각 애플리케이션은 중앙 집중식으로 데이터를 기록하고(예, syslog 사용), 때로는 모든 로그가 인프라 전체에 분산돼 데이터 스트림에 대한 단일 접근 지점을 갖기가 어렵다.

대부분의 대규모 조직은 로그 파일 순환 기간(즉, 몇 시간이나 몇 분)보다 오래 기록된 데이터를 유지하지 않는다. 즉, 문제가 발생했을 때 답변을 제공할 수 있는 데이터가 존재하지 않을 수 있다. 그렇다면 실제로 데이터가 있을 때는 어떻게 해야 할까? 로그의 핵심을 추출하는 다른 방법이 있다. 많은 사람이 간단한 문자열 패턴 검색(GREP)을 사용해 시작하고, 기본적으로 정규 표현식을 사용해 로그에서 일치하는 패턴을 찾으려고 한다. 단일 로그 파일에서는 작동하지만 다른 로그 파일에서 무언가를 검색하려면 정규식을 적용하고자 각 날짜마다 개별 로그 파일을 열어야 한다.

GREP는 편리하지만 평균 수리 시간^{MTTR, Mean Time To Recovery}을 줄이고자 장애에 신속하게 대응해야 한다는 것은 맞지 않다. 전자상거래 웹 사이트 구매 API의 문제를 예를 들면 어떨까? 사용자가 해당 페이지에서 대기 시간이 길거나 구매 프로세스가 끝날 수 없는 경우 어떻게 해야 할까? 기가바이트 로그에서 애플리케이션을 복구하는 데 소요되는 시간은 잠재적으로 손실될 수 있는 비용이다. 또 다른 잠재적인 문제는 보안 관련 분석이 부족하고 애플리케이션을 무력화하려는 IP를 블랙리스트에 올리지 못한다는 점이다.

같은 맥락에서 사람들이 매일 밤 시스템에 접속하려는 IP들이 있다는 것을 모르는 사용 사례를 살펴봤다. IP를 지도상에서 시각화하지 못했고, 이를 기반으로 경고 알람을 띄울 수 없었기 때문이다. 따라서 해당 값을 기준으로 경고를 작동시켜야 한다. 시스템을 보호하는 데 사용할 수 있는 간단하면서도 효과적인 패턴은 내부 시스템에 대한 자원이나 서비스에 대한 접근을 제한하는 것이다. 알려진 IP 주소 집합에 대한 접근을 허용하는 기능은 필수적이다. 견고한 시각화 계층을 갖춘 적절한 데이터 중심의 아키텍처가 이러한 요구를 충족시키지 못하면 결과는 극적으로 나타날 수 있다. 예를 들어 가시성과 통제력 부족, MTTR 증가, 고객 불만족, 재정적 영향, 보안 유출, 응답 시간, 사용자 경험 불량으로 이어질 수 있다.

▌키바나에서 분석할 데이터 이해

여기서는 데이터 전달, 데이터 수집, 데이터 저장, 데이터 시각화와 같은 데이터 분석의 다양한 측면을 설명한다. 이것들은 모두 데이터 분석과 시각화의 매우 중요한 측면이므로 각 세부 사항을 이해해야 한다. 그런 다음 혼란을 피하는 방법을 이해하고, 다음과 같은 다양한 측면을 제공하는 아키텍처를 구축한다.

데이터 전달

데이터 전달 아키텍처는 구조화되거나 구조화되지 않은 모든 종류의 데이터, 또는 이벤트 전송을 지원해야 한다. 데이터 전달의 기본 목표는 추가 탐색을 위해 원격 시스템에서 중앙으로 데이터를 전달하는 것이다. 데이터를 전달하려면 일반적으로 데이터를 얻으려는 곳과 동일한 서버에 있는 경량 에이전트를 배포한다. 이 전달자는 데이터를 가져와 중앙 서버로 계속 전송한다. 데이터를 전달하려면 다음을 고려해야 한다.

- 에이전트는 가벼워야 한다. 성능 영향을 최소화하고 설치 공간을 줄이려면 실제 데이터를 생성하는 프로세스에 자원을 사용해서는 안 된다.
- 많은 데이터 전달 기술이 있다. 그중 일부는 특정 기술과 관련이 있는 반면에 나머지는 데이터 출처에 상대적으로 잘 적응할 수 있는 확장 가능한 프레임워크를 기반으로 한다.
- 데이터는 유선으로만 전달하는 것이 아니다. 이는 보안에 관한 부분이므로 엔드투엔드 보안 파이프라인을 통해 데이터를 적절한 대상으로 전송해야 한다.
- 데이터 전달의 또 다른 측면은 데이터 로드 관리다. 데이터 전달은 최종 목적지가 처리할 수 있는 로드를 기준으로 수행돼야 한다. 이 기능을 **역압 관리**back pressure management라고 한다.

데이터 시각화는 안정적인 데이터 전달에 의존해야 한다. 예를 들어 금융 거래 시스템에서 주고받는 데이터를 고려하면 보안 누출을 감지하지 못하는 것이 얼마나 중요한지 알 수 있다.

데이터 수집

데이터 수집 계층의 범위는 최종적으로 데이터를 저장하기 이전에 데이터를 추출하고 변환하는 기능을 제공하면서 일반적으로 사용되는 다양한 전송 프로토콜과 데이터 형식을 가능한 한 광범위하게 포함하는 데이터를 수신하기 위한 것이다. 처리 데이터는 수집 파이프라인^{ingestion pipeline}이라고 하는 ETL^{Extract, Transforming, Loading} 데이터로 볼 수 있으며, 기본적으로 전달 계층에서 데이터를 수신해 스토리지 계층으로 이동시킨다. 이는 다음과 같은 기능을 제공한다.

- 일반적으로 수집 계층에는 플러그인 세트를 사용해 다양한 데이터 및 대상의 소스와 쉽게 통합할 수 있는 장착형 아키텍처가 있다. 일부 플러그인은 전달자로부터 데이터를 수신하고자 만들어졌다. 즉, 전달자로부터 데이터가 항상 수신되는 것은 아니며, 파일, 네트워크나 데이터베이스와 같은 데이터 출처에서 직접 가져올 수 있다. 하지만 경우에 따라 모호할 수 있다. 그렇다면 파일에서 데이터를 수집하고자 전달자나 파이프라인을 사용해야 할까? 이는 사용 사례와 예상되는 SLA에 따라 다르다.
- 수집 계층은 예를 들어 데이터 구문 분석, 데이터 형식 지정, 다른 데이터 소스와의 상관관계 수행, 저장 전에 데이터를 정규화하고 보강해 데이터를 준비하는 데 사용해야 한다. 여기에는 많은 장점이 있지만 가장 중요한 장점은 데이터 품질을 향상시켜 시각화에 대한 통찰력을 향상시킬 수 있다는 것이다. 또 다른 장점은 값을 사전에 계산하거나 참조를 찾아 처리 오버 헤드를 제거하는 것이다. 단점은 시각화용 데이터가 올바르게 형식화

되지 않거나 풍부하지 않은 경우 데이터를 다시 수집해야 할 수도 있다. 데이터를 수집한 후 처리할 수 있는 방법이 있기를 바란다.

- 데이터를 수집하고 변환하면 컴퓨팅 자원이 소비된다. 일반적으로 단위당 최대 데이터 처리량 측면에서 이를 고려하고 여러 수집 인스턴스에 로드를 분산시켜 수집을 계획하는 것이 중요하다. 이는 실시간 시각화나 거의 실시간으로 시각화를 할 때 매우 중요하다. 수집이 여러 인스턴스에 분산되는 경우 데이터 저장을 가속화해 시각화에 더 빠르게 사용할 수 있다.

대규모 데이터 저장

스토리지는 데이터 중심 아키텍처의 걸작으로, 데이터의 본질적이고 장기적인 보존을 제공한다. 또한 데이터에서 통찰력을 검색, 분석, 발견할 수 있는 핵심 기능도 제공하는데, 이는 프로세스의 핵심이다. 동작은 기술의 특성에 따라 다르다. 스토리지 계층이 일반적으로 제공하는 몇 가지 측면은 다음과 같다.

- 확장성은 주요 측면, 즉 기가바이트에서 테라바이트에서 페타바이트에 이르는 다양한 크기의 데이터에 사용되는 스토리지다. 확장성은 수평이므로 수요와 볼륨이 증가함에 따라 더 많은 시스템을 추가해 스토리지 용량을 원활하게 늘릴 수 있어야 한다.
- 대부분의 경우 비관계형이나 분산성이 높은 데이터 저장소는 대용량과 다양한 데이터 유형, 즉 NoSQL 데이터 저장소에서 빠른 데이터 접근과 분석을 가능하게 만든다. 데이터를 읽거나 쓰는 동안 로드의 균형을 맞추고자 데이터가 여러 시스템에 분할되고 분산된다.
- 데이터 시각화를 하려면 스토리지가 API를 공개해 데이터를 기반으로 분석해야 한다. 시각화 계층이 주어진 차원(집계)에 대한 데이터 그룹화와 같은 통계적 분석을 수행하게 하면 규모가 조정되지 않는다.

- API의 특성은 시각화 계층의 기대치에 따라 달라질 수 있지만 대부분 집계에 관한 것이다. 시각화는 스토리지 수준에서 수행된 무거운 분석 결과만을 만들어야 한다.
- 데이터 중심 아키텍처는 많은 다른 애플리케이션이나 사용자와 다양한 수준의 SLA에 데이터를 제공할 수 있다. 이러한 아키텍처에서는 고가용성이 표준이 되며, 확장성과 마찬가지로 솔루션 특성의 일부가 돼야 한다.

데이터 시각화

시각화 계층은 데이터의 창이다. 실시간 그래프와 차트를 작성하고 데이터에 생명을 불어넣는 도구 세트를 제공해 "사업이 잘되고 있는가?", "시장 분위기는 어떤가?"와 같은 질문의 답변을 제공하는 통찰력 있는 대시보드^{dashboard}를 구축할 수 있다. 데이터 중심 아키텍처의 시각화 계층은 대부분의 데이터 소비를 예상하는 계층으로, KPI를 저장된 데이터 위에 가져오는 데 중점을 둔다. 데이터 시각화의 중요한 특징은 다음과 같다.

- 가벼워야 하며 스토리지 계층에서 수행된 처리 결과를 만들어야 한다.
- 데이터 시각화를 통해 사용자는 데이터를 발견하고 데이터에 대한 즉각적인 통찰력을 얻을 수 있다.
- 적절한 요청을 구현하지 않고 데이터에 예기치 않은 질문을 하는 시각적인 방법을 제공한다.
- KPI에 최대한 빨리 접근해야 하는 최신 데이터 아키텍처에서 시각화 계층은 데이터를 거의 실시간으로 만들어야 한다.
- 시각화 프레임워크는 확장 가능해야 하며, 사용자가 기존 자산을 사용자 정의하거나 필요에 따라 새 기능을 추가할 수 있어야 한다.

- 사용자는 시각화 애플리케이션 외부에서 대시보드를 공유할 수 있어야한다.

목표를 달성하려면 몇 가지 기초가 필요하다. 이 책에서 키바나의 사용을 다루는 방법은 다음과 같다. 사용 사례에 중점을 두고 사용 사례와 상황에 따라 키바나 기능을 활용하는 가장 좋은 방법을 알아본다. 다른 시각화 도구와의 주요 차이점은 키바나가 스택의 모든 계층과 완벽하게 통합돼 일래스틱 스택과 함께 제공되므로 이러한 아키텍처를 쉽게 배포할 수 있다는 점이다. 키바나 외에 다른 기술에는 어떤 것이 있고, 장점과 한계는 무엇인지도 살펴볼 것이다.

▌기술 제한

1부에서는 데이터 기반 아키텍처의 기대치를 충족시키려고 할 때 일부 기술에 제한이 있는 이유와 주어진 문제에 대한 종단 간에 솔루션을 지원할 수 없는 이유를 분석하려고 한다. 이러한 상황에서 요구 사항을 충족시키고자 일련의 도구를 사용하거나 해당 기술의 가용성에 따라 요구 사항을 일부 타협할 수 있다. 이어서 사용 가능한 기술 중 일부를 설명보자.

관계형 데이터베이스

관계형 데이터베이스는 데이터 중심 아키텍처의 맥락에서 데이터를 저장하는 데 사용하는 대중적이고 중요한 도구다. 예를 들어 애플리케이션 모니터링 로그를 MySQL과 같은 데이터베이스에 저장해 나중에 이를 모니터링하는 데 사용할 수 있다.

- 관계형 데이터베이스 관리 시스템^{RDBMS, Relational Database Management System}은 고정 스키마만 관리하며, 동적 데이터 모델과 비정형 데이터를 처리하도록 설계되지 않았다. 데이터에 대한 구조적 변경은 스키마/테이블을 업데이트해야 한다.
- RDBMS는 대규모의 실시간 데이터 접근을 허용하지 않는다. 예를 들어 RDBMS에서 각 열, 테이블, 또는 스키마마다 인덱스를 작성하는 것은 현실적이지 않다. 그러나 기본적으로 실시간 접근이 필요하다.
- 확장성은 RDBMS에서 가장 쉬운 과정은 아니다. 이 과정은 복잡하고 무거울 수 있으며, 엄청난 양의 데이터에 대비해 확장되지 않는다.

RDBMS는 수집된 데이터를 시각화된 데이터에서 더 세분화하도록 수집된 데이터를 연관 짓거나 보강하고자 수집 시간 전에 사용할 수 있는 데이터 자원으로 사용해야 한다. 시각화는 사용자에게 데이터의 여러 각도에서 볼 수 있는 유연성을 제공하고, 스키마를 미리 정의하거나 자신의 질문을 탐색하고 질문할 수 있게 하는 것이다.

하둡

하둡^{Hadoop} 생태계는 프로젝트 측면에서 매우 풍부하지만, 요구 사항에 맞는 프로젝트를 선택하거나 이해하기가 어려운 경우가 많다. 하둡이 수행하는 다음과 같은 측면을 고려할 수 있다.

- 대규모 데이터 아키텍처에 적합하며 모든 종류의 데이터와 모든 수준의 데이터를 저장하고 처리하는 데 도움이 된다.
- 기본 배치 기술과 스트리밍 기술을 사용해 원시 데이터 위에 반복적인 뷰를 생성하거나 더 큰 규모의 뷰를 처리할 수 있게 데이터를 처리할 수 있다.
- 기본 아키텍처는 프로세싱 엔진을 쉽게 통합할 수 있도록 만들어졌으므로 다양한 프레임워크를 사용해 데이터를 연결하고 처리할 수 있다.

- 데이터를 처리하고자 본질적으로 데이터를 버릴 수 있는 데이터 레이크 data lake(다양한 형태의 데이터를 모은 저장소의 집합) 패러다임을 구현한다.

하지만 시각화는 어떨까? 시각화에는 수많은 이니셔티브가 있지만 문제는 어느 것도 대규모 실시간 데이터 시각화에 도움이 되지 않는 하둡의 본질을 벗어날 수 없다는 것이다.

- 하둡 분산 파일 시스템HDFS, Hadoop Distributed File System은 임의 접근에 도움이 되지 않는 순차적인 읽기와 쓰기 파일 시스템이다.
- 대화식 임시 쿼리나 기존 실시간 API조차도 시각화 애플리케이션과의 통합 측면에서 확장되지 않는다. 대부분의 경우 사용자는 데이터를 시각화하고자 하둡 외부로 데이터를 내보내야 한다. 일부 시각화는 HDFS와 투명하게 통합됐다고 주장하지만, 데이터는 메모리에서 일괄적으로 내보내지 않고 로드되므로 사용자의 경험이 상당히 느려질 수 있다.
- 데이터 시각화는 API에 관한 것으로 데이터에 쉽게 접근할 수 있으며, 사용자의 구현이 필요하므로 하둡은 적합하지 않다.

하둡은 데이터 처리에 적합하며, 다음 다이어그램처럼 일래스틱Elastic과 같은 다른 실시간 기술과 함께 사용돼 람다Lambda 아키텍처를 구축하는 경우가 많다.

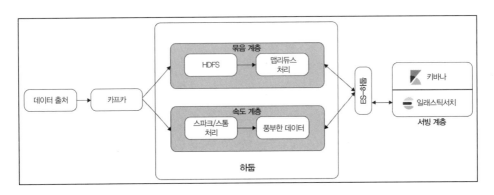

이 아키텍처에서 하둡은 수신 데이터를 긴 처리 과정의 영역이나 거의 실시간 영역에서 집계하는 것을 볼 수 있다. 마지막으로 키바나에서 시각화하기 위해 일래스틱서치에서 결과가 인덱스화된다. 기본적으로 이는 한 기술이 다른 기술을 대체하기 위한 것이 아니라 두 기술을 모두 활용할 수 있음을 의미한다.

NoSQL

키/값 저장소, 문서 저장소, 열 저장소와 같은 여러 가지 성능과 확장성이 뛰어난 NoSQL 기술이 있다. 그러나 대부분은 분석 API를 제공하지 않거나 즉시 사용 가능한 시각화 애플리케이션과 함께 제공되지 않는다.

대부분의 경우 이러한 기술이 사용하는 데이터는 일래스틱서치와 같은 인덱싱 엔진에서 수집돼 시각화나 검색 목적으로 분석 기능을 제공한다.

데이터 중심 아키텍처가 가져야 하는 기본 계층과 시장의 기존 기술에서 확인된 한계를 극복하기 위해 이러한 단점에 근본적인 답이 되는 일래스틱 스택을 소개한다.

▌ 일래스틱 스택의 구성 요소

ELK라고 불렸던 일래스틱 스택은 데이터 기반 아키텍처를 구현하는 데 필요한 다양한 계층을 제공한다.

다음 다이어그램과 같이 비츠Beats, 로그스태시Logstash, ES-하둡ES-Hadoop 커넥터를 사용해 수집 계층에서 시작한다. 이어서 일래스틱서치를 사용해 분산 데이터 저장소로 가고, 마지막으로 키바나를 사용해 시각화 계층으로 시작한다.

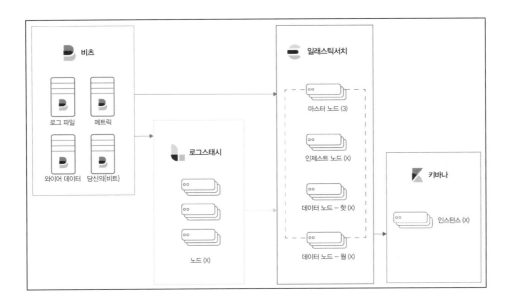

위의 다이어그램에서 볼 수 있듯이 키바나는 구성 요소 중 하나일 뿐이다. 2장에서는 다양한 상황에서 키바나를 사용하는 방법을 자세히 설명하지만, 항상 다른 구성 요소가 필요하다. 따라서 1장에서 각 구성 요소의 역할을 이해해야 한다. 주목해야 할 또 다른 중요한 사항은 이 책이 키바나 7.0 사용법을 설명한다는 것이다. 따라서 이 책에서는 일래스틱 스택 7.0.0을 사용한다(https://www.elastic.co/blog/elastic-stack-7-0-0-released).

일래스틱서치

일래스틱서치는 키바나가 시각화에 사용된 모든 집계 결과를 가져오는 분산되고 확장 가능한 데이터 저장소다. 일래스틱서치는 본질적으로 복원력이 뛰어나고 확장이 가능하게 설계됐다. 즉, 필요에 따라 매우 간단한 방법으로 노드를 일래스틱서치 클러스터에 추가할 수 있다.

일래스틱서치는 고가용성 기술로 다음을 의미한다.

- 데이터가 클러스터 전체에 복제되므로 장애가 발생하더라도 데이터 사본이 하나 이상 남아 있다.
- 분산 특성으로 인해 일래스틱서치는 클러스터 노드에 인덱싱과 검색 로드를 분산시켜 서비스 연속성과 SLA 준수를 보장할 수 있다.

구조화되거나 구조화되지 않은 데이터를 모두 처리할 수 있으며, 키바나에서 데이터를 시각화할 때 일래스틱 vocabulary를 사용하는 데이터나 문서가 JSON 문서 형식으로 인덱스화돼 있음을 알 수 있다. JSON은 중첩 문서, 배열 등을 지원하므로 복잡한 데이터 구조를 처리하는 데 편리하다.

일래스틱서치는 개발자에게 친숙한 솔루션이며, 데이터나 클러스터 자체의 설정과 상호작용할 수 있는 대규모 REST API 세트를 제공한다. API에 대한 설명서는 https://www.elastic.co/guide/en/elasticsearch/reference/current/docs.html에서 찾을 수 있다.

이 책에서 흥미로운 부분은 주로 집계와 그래프로, 인덱스된 데이터(https://www.elastic.co/guide/en/elasticsearch/reference/search-aggregations.html)를 기반으로 분석하는 데 사용되고, 문서 간의 관계를 만든다(https://www.elastic.co/guide/en/graph/current/graph-api-rest.html).

이러한 API 외에도 일래스틱서치를 자바^{Java}, 파이썬^{Python}, 고^{Go} 등과 같은 대부분의 기술과 통합할 수 있는 클라이언트 API도 있다(https://www.elastic.co/guide/en/elasticsearch/client/index.html).

키바나는 각 시각화에 따라 클러스터에 대한 요청을 생성한다. 이 책에서는 문서를 파고드는 방법, 사용된 기능과 API를 살펴본다.

마지막으로 일래스틱서치의 중요한 측면은 실시간 기술이라는 점이다. 따라서 일래스틱서치는 다른 API를 사용해 기가바이트에서 페타바이트에 이르는 모든 범위의 볼 륩으로 작업할 수 있다.

키바나 외에도 일래스틱서치가 제공하는 개방형 API를 활용해 데이터를 기반으로 시각화를 구축할 수 있는 다양한 솔루션이 있지만, 키바나는 유일한 기술이다.

비츠

비츠[Beats]는 애플리케이션, 컴퓨터, 네트워크와 같은 다른 출처에서 데이터를 전송하는 경량 데이터 전달자와 같은 역할을 한다. 모든 서버에 비츠를 설치하고 구성해 데이터 수신을 시작할 수 있다. 다음 다이어그램은 다른 서버에서 데이터를 얻는 방법을 보여준다.

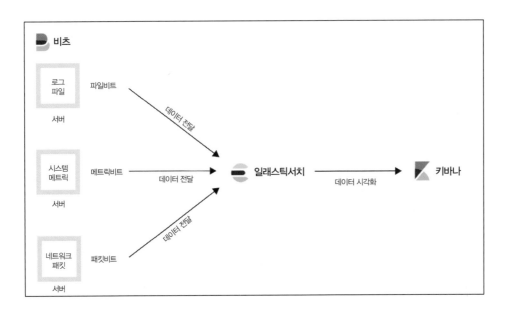

위의 다이어그램에서 파일비트[Filebeat], 메트릭비트[Metricbeat], 패킷비트[Packetbeat]가 데이터를 일래스틱서치로 전송한 다음 분석이나 시각화를 위해 키바나로 전달됨을 알 수 있다. 일래스틱서치로 데이터를 보내기 전에 데이터를 변환하려는 경우 비츠에서 로그스태시로 데이터를 보낼 수도 있다. 비츠는 다음 다이어그램에 표시되는 대로 모든 비츠가 비츠의 일래스틱서치로 데이터를 보낼 수 있는 오픈소스 라이브러리인 libbeat를 기반으로 구축됐다.

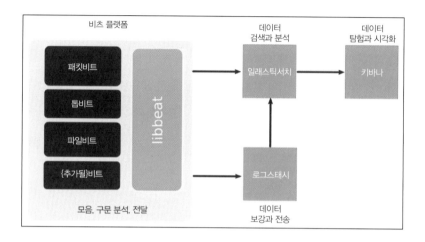

위의 다이어그램은 다음과 같은 비트를 보여준다.

- **패킷비트**^{Packetbeat}: 기본적으로 MySQL이나 HTTP와 같은 특정 프로토콜에 네트워크 와이어를 통해 패킷을 스니핑한다. 그리고 문제의 프로토콜을 모니터링하는 데 사용될 모든 기본 지표를 파악한다. 예를 들어 HTTP의 경우 요청과 응답을 가져온 다음 문서로 포장하고 일래스틱서치에 인덱스를 생성한다. 이 책에서는 패킷비트를 사용하지는 않으므로 웹 사이트에서 키바나 대시보드를 구축할 수 있는 방법을 권장한다.

- **파일비트**^{Filebeat}: 파일의 내용을 **tail** 명령과 같이 지점 A에서 지점 B로 안전하게 전송하기 위한 것이다. 이 비트를 새로운 수집 노드(https://www.elastic.co/guide/en/elasticsearch/reference/master/ingest.html)와 함께 사용해 파일에서 데이터를 직접 인덱싱하기 전에 처리하는 일래스틱서치로 데이터를 이동한다. 다음 다이어그램과 같이 아키텍처를 단순화할 수 있다.

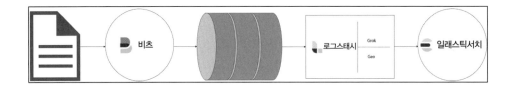

- 앞의 다이어그램에서 데이터는 먼저 비츠에 의해 제공되고, 메시지 브로커(이 책의 뒷부분에서 이 개념을 다룬다)에 저장된다. 이후 로그스태시에 의해 처리된 다음 일래스틱서치에 의해 인덱스화된다. 수집 노드는 사용 사례의 아키텍처를 크게 단순화한다.

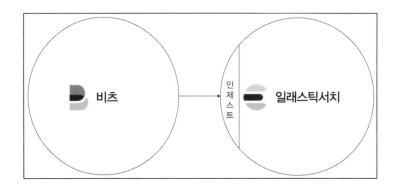

위의 다이어그램에서 알 수 있듯이 아키텍처는 파일비트와 수집 노드를 사용해 두 가지 구성 요소로 축소됐다. 그런 다음 키바나의 콘텐츠를 시각화할 수 있다.

- **톱비트**^{Topbeat}: 머신이나 애플리케이션 실행 메트릭을 일래스틱서치에 제공할 수 있는 최초의 메트릭비트^{Metricbeat}다. 또한 이 책의 뒷부분에서 노트북 데이터를 제공하고 키바나에서 시각화하는 데 사용할 것이다. 여기서 비트^{Beat}는 비트에 의해 생성된 문서가 표준이므로 키바나에서만 가져와야 하는 미리 작성된 형식이 비트와 함께 제공된다. 흥미로운 데이터 시각화를 만드는 데 커뮤니티에서 만든 다양한 비트를 사용할 수 있다. 목록은 https://www.elastic.co/guide/en/beats/libbeat/current/index.html에서 찾을 수 있다.

비츠는 몇 가지 기본 필터링 기능을 제공하지만 로그스태시가 가져올 수 있는 변환 수준은 제공하지 않는다.

로그스태시

로그스태시^{Logstash}는 중앙 집중식 데이터 처리 패러다임을 수용하는 데이터 프로세서다. 다음 다이어그램과 같이 사용자는 200개 이상의 플러그인을 사용해 데이터를 수집, 보강/변환, 다른 대상으로 전송할 수 있다.

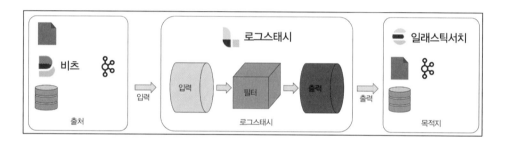

로그스태시는 비츠를 비롯해 모든 소스에서 데이터를 수집할 수 있다. 모든 비트에는 로그스태시용 기본 제공 통합이 포함돼 있으며, 역할은 명확히 분리돼 있다. 비츠는 데이터를 전달하는 반면, 로그스태시는 데이터를 인덱싱하기 전에 처리할 수 있다. 따라서 데이터 시각화 관점에서 데이터를 준비하려면 로그스태시를 사용해야 한다. 예를 들어 이 책의 뒷부분에서 특정 지리적 위치를 추론하는 데 유용한 IP 주소를 로그로 받을 수 있다.

키바나

키바나는 이 책에서 설명하는 핵심 제품으로, 모든 사용자 인터페이스 작업이 이뤄지는 곳이다. 키바나는 일래스틱서치에서 수행하는 분석 처리를 만드는 웹 애플리케이션일 뿐만 아니라 대부분의 시각화 기술은 분석 처리를 다룬다. 일래스틱서치에서 데이터를 로드해 처리하지는 않지만 일래스틱서치의 강력한 기능을 활용해 모든 무거운 작업을 수행한다. 이를 통해 기본적으로 실시간 시각화가 가능하다. 데이터가 증가하면 일래스틱서치 클러스터는 상대적으로 확장돼 SLA에 따라 최상의 대기 시간을 제공한다.

키바나는 일래스틱서치 집계에 시각적 기능을 제공하므로 시계열 데이터 세트를 분할하거나 데이터 필드를 파이처럼 쉽게 분할할 수 있다.

키바나는 타임스탬프 없이 데이터를 가져올 수 있는 경우에도 시간 기반 시각화에 적합하며, 일래스틱서치 집계 프레임워크 렌더링을 위해 시각화를 제공한다. 다음 그림은 키바나에 내장된 대시보드의 예를 보여준다.

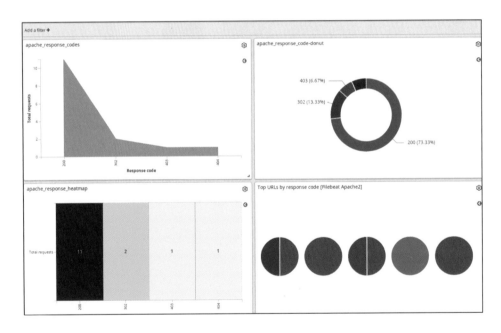

대시보드에는 하나 이상의 시각화가 포함돼 있는데, 사용 사례의 맥락에서 하나씩 상세히 살펴볼 것이다. 대시보드를 구축하려는 사용자는 다음과 같은 작업을 수행할 수 있는 데이터 탐색 환경을 경험할 수 있다.

- 다음 그림과 같이 인덱스가 지정된 문서를 자세히 보고 데이터를 찾아
  야 한다.

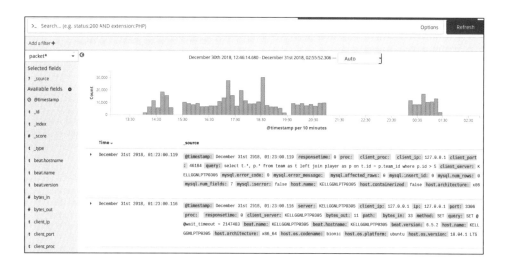

- 데이터에 대한 사용자의 질문에 따라 포괄적인 팔레트를 사용해 시각화를
  작성한다.

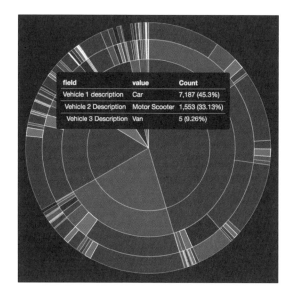

앞의 시각화는 파리에서 사고와 관련된 차량을 보여준다. 이 예제에서 첫 번째 차량은 Car이고, 두 번째 차량은 Motor Scooter이며, 세 번째 차량은 Van이다. 로깅 사용 사례에서 사고에 대한 데이터 세트를 살펴본다.

- 대시보드에서 다양한 시각화를 구성해 분석 경험을 구축한다.

X-Pack

마지막으로 이 책에서 사용할 X-Pack의 개념을 소개한다. X-Pack은 일래스틱 웹 사이트에서 다운로드해 평가판 라이선스를 사용해 평가할 수 있다.

X-Pack은 다음 엔터프라이즈 기능을 제공하는 일래스틱서치와 키바나용 플러그인 세트다.

보안

보안은 데이터와 접근 수준에서 아키텍처를 보호하는 데 도움이 된다. 접근 측에서 일래스틱서치 클러스터를 LDAP, 활성 디렉터리, PKI와 통합해 클러스터에서 역할 기반 접근을 가능하게 할 수 있다. 클러스터에 로컬인 기본 영역이나 다른 인증 출처와 통합하고자 사용자 지정 영역 방법으로 접근할 수 있는 추가 방법도 있다 (https://www.elastic.co/guide/en/x-pack/current/securitygetting-started.html).

클러스터에 역할 기반 접근을 추가하면 사용자는 인덱스 수준, 문서 수준, 필드 수준에서 볼 수 있는 데이터만 볼 수 있다. 예를 들어 데이터 시각화 관점에서 사용자 집합이 동일한 인덱스 내에서 데이터를 공유하고 있지만 첫 번째 집합은 프랑스어 데이터만 볼 수 있고 다른 집합은 독일어 데이터만 볼 수 있다고 가정해보자. 이 경우 두 집합 모두 인덱스를 가리키는 키바나 인스턴스를 가질 수 있지만, 기본 권한 구성은 해당 국가 데이터를 만들 수 있다.

데이터 측면에서 일래스틱서치 노드 사이의 전송 계층을 암호화할 수 있고, 일래스틱서치와 키바나 수준에서 전송을 보호할 수 있다. 즉, 키바나 URL이 HTTPS 뒤에 있을 수 있다. 마지막으로 보안 플러그인은 IP 필터링을 제공하는데, 가장 중요한 기능은 데이터 시각화를 위해 클러스터에 대한 모든 접근을 추적하고 키바나 대시보드로 쉽게 만들 수 있는 감사 로그다.

모니터링

모니터링은 인프라에 대한 통찰력을 제공하는 키바나 플러그인이다. 일래스틱서치를 위해 만들어졌지만 일래스틱은 키바나나 로그스태시와 같은 아키텍처의 다른 부분까지 확장해 사용된다. 모니터링을 사용하면 사용자는 모든 일래스틱 구성 요소를 한곳에서 모니터링할 수 있으며, 다음 그림과 같이 키바나가 제대로 실행 중인지 여부를 추적할 수 있다.

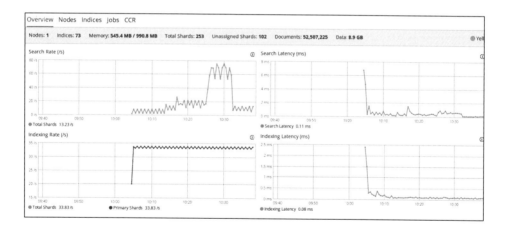

사용자는 키바나에서 얼마나 많은 동시 연결이 이뤄졌는지, 키바나 인스턴스의 성능을 나타내는 이벤트 루프 지연과 같은 지표들을 볼 수 있다.

경고

경고[alerting]가 모니터링 데이터와 결합되면 일래스틱 인프라와 데이터를 사전에 모니터링할 수 있다. 경고 프레임워크를 사용하면 백그라운드에서 액션을 스케줄하고 쿼리를 설명해 다음을 정의할 수 있다.

- 경고를 실행하려는 경우, 즉 경고 실행을 예약
- 일래스틱서치 검색, 집계, 그래프 API를 활용하는 조건을 설정해보고 싶은 내용
- 시계가 트리거될 때 수행할 작업, 즉 결과를 파일, 인덱스로 작성, 이메일로 전송, 또는 HTTP를 통해 전송

시계 상태는 일래스틱서치에서 인덱스돼 시각화를 통해 시계의 수명주기를 볼 수 있다. 일반적으로 다음 다이어그램과 같이 특정 지표와 이를 유발한 시계를 모니터링하는 그래프를 만든다.

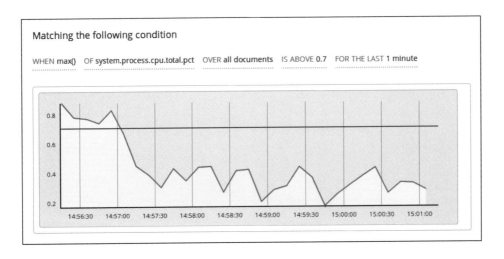

이전 시각화의 중요한 측면은 임곗값에 따라 경고를 유발시킨 시기와 유발된 횟수를 사용자가 볼 수 있다는 것이다. 이 책의 뒷부분에서 CPU 성능을 기반으로 하

는 지표 분석 사용 사례에서 경고를 사용한다.

보고

보고^{reporting}는 사용자가 키바나 대시보드를 PDF로 내보낼 수 있도록 최신 버전 2.x 와 함께 제공되는 새로운 플러그인이다. 키바나 사용자가 가장 기다려야 할 기능 중 하나이며, 다음 그림과 같이 버튼을 클릭하는 것만큼 간단하다.

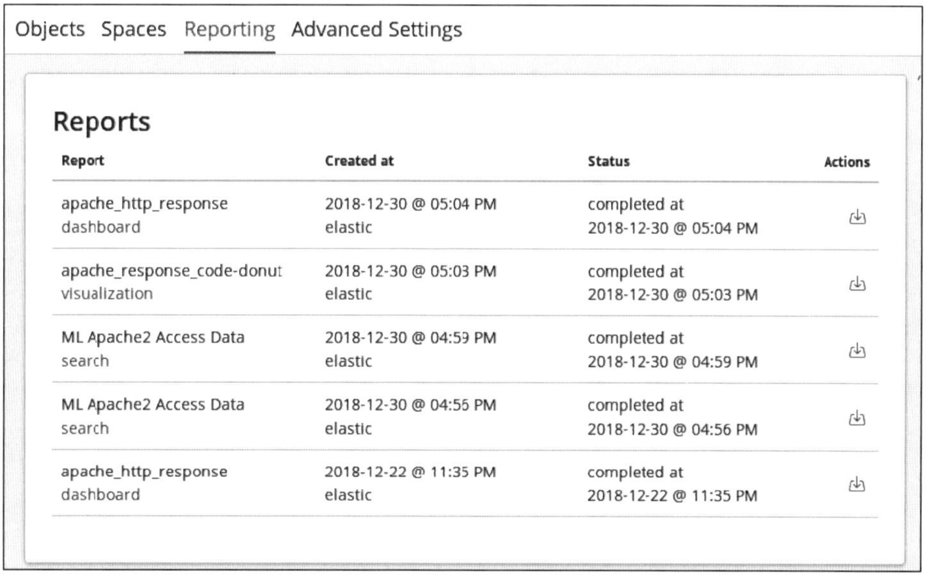

PDF 생성이 대기열에 들어가고 사용자는 내보내기 과정을 수행한 다음 PDF를 다 운로드할 수 있다.

▌요약

1장에서는 데이터 중심 아키텍처를 구축하는 데 필요한 다양한 구성 요소를 살펴
봤다. 또한 일래스틱 스택이 이러한 요구를 어떻게 충족시키는지 살펴보고 키바
나가 시각화된 데이터를 전달, 변환, 저장하고자 스택의 다른 구성 요소를 요구하
는 방법을 배웠다. 또한 서버에 추가 부담을 주지 않으면서도 다른 서버에서 데이
터를 가져오는 데 비츠가 편리하다는 것을 설명했다. 2장에서는 키바나를 시작
하고 첫 번째 대시보드를 보는 데 필요한 모든 구성 요소를 설치하는 방법을 보여
준다.

02

키바나 설치와 환경설정

1장에서 데이터와 데이터를 사용해 의미 있는 정보를 얻는 방법을 설명했다. 또한 일래스틱 스택을 통해 데이터를 분석하고 핵심 성과 지표가 있는 대시보드를 만드는 방법도 설명했다. 2장에서는 일래스틱서치, 로그스태시, 비츠, 키바나를 살펴보면서 일래스틱 스택 7의 설치 프로세스를 다룬다. 모든 독자가 좀 더 유용하게 사용할 수 있도록 다양한 유형의 운영체제에 따른 설치 과정을 다룬다. 일래스틱 스택을 설치하는 동안에는 전체 스택에 대해 동일한 버전을 유지해야 한다. 예를 들어 일래스틱서치 버전 7.0을 설치하는 경우 비츠, 로그스태시, APM 서버, 키바나에 동일한 버전을 설치해야 한다. 이를 통해 구성 요소 간의 호환성이 보장된다. 기억해야 할 또 다른 사항은 설치 순서다. 일래스틱서치, 키바나, 로그스태시, 비츠[Beats], APM 서버 순서로 설치해야 한다.

2장에서 다루는 내용은 다음과 같다.

- 일래스틱서치 설치
- 키바나 설치
- 로그스태시 설치
- 비츠 설치

일래스틱서치 설치

일래스틱서치는 데이터 저장이 일래스틱서치에서 수행되므로 일래스틱 스택의 핵심이다. 사용하는 운영체제에 따라 일래스틱서치를 설치하는 방법은 여러 가지가 있다. 여기서는 .zip, .tar.gz 아카이브, deb 패키지, rpm 패키지, 윈도우용 msi 패키지, 도커^{Docker} 컨테이너를 사용하는 등 일래스틱서치를 설치하는 다양한 방법을 다룬다. 먼저 .zip이나 .tar.gz 아카이브를 사용해 일래스틱서치를 설치하는 방법부터 알아보자.

.zip이나 .tar.gz 아카이브를 사용한 일래스틱서치 설치

.zip이나 .tar.gz 아카이브 패키지를 사용해 일래스틱서치 소프트웨어를 설치할 수 있다. 이 라이선스는 오픈소스 부분을 자유롭게 사용할 수 있는 무료 라이선스이며, 30일 무료 평가판을 시작해 상용 기능들을 사용할 수 있다. 일래스틱 다운로드 페이지에서 최신 안정 버전의 일래스틱서치를 다운로드할 수 있다. 특정 버전을 설치하려면 일래스틱 웹 사이트의 이전 릴리스 페이지를 참고한다. 일래스틱서치를 설치하려면 자바 8 이상이 필요하다.

.zip 아카이브의 다운로드와 설치

다음에서 설명하는 단계는 일래스틱서치 7.1.0 .zip 아카이브 파일을 다운로드하고 설치하는 방법이다.

1. 일래스틱서치 7.1.0 .zip 아카이브는 다음 명령으로 다운로드하고 설치할 수 있다.

```
wget
https://artifacts.elastic.co/downloads/elasticsearch/elasticsearch7.1.0-
windows-x86_64.zip
wget
https://artifacts.elastic.co/downloads/elasticsearch/elasticsearch7.1.0-
windows-x86_64.zip.sha512
```

2. .zip 아카이브를 다운로드한 후 다음 명령으로 SHA를 게시된 체크섬 값과 일치시킨다.

```
shasum -a 512 -c elasticsearch-7.1.0-windows-x86_64.zip.sha512
```

3. .zip 아카이브를 추출하고 다음 명령을 사용해 디렉터리 내부를 탐색한다.

```
unzip elasticsearch-7.1.0-windows-x86_64.zip cd elasticsearch-7.1.0/
```

.tar.gz 아카이브의 다운로드와 설치

다음에 설명할 단계는 일래스틱서치 7.1.0 .tar.gz 아카이브 파일을 다운로드하고 설치하는 방법이다.

1. 다음 명령으로 일래스틱서치 7.1.0 .tar.gz 아카이브를 다운로드한다.

```
wget
https://artifacts.elastic.co/downloads/elasticsearch/elasticsearch7.1.0-
linux-x86_64.tar.gz
wget
https://artifacts.elastic.co/downloads/elasticsearch/elasticsearch7.1.0-
linux-x86_64.tar.gz.sha512
```

2. .tar.gz 아카이브를 다운로드한 후 다음 명령을 실행해 SHA와 게시된 체크섬을 비교한다.

```
shasum -a 512 -c elasticsearch-7.1.0-linux-x86_64.tar.gz.sha512
```

3. .tar.gz 아카이브를 추출하고 다음 명령을 실행해 디렉터리 내부를 탐색한다.

```
tar -xzf elasticsearch-7.1.0-linux-x86_64.tar.gz cd elasticsearch-7.1.0/
```

일래스틱서치 실행

.zip이나 .tar.gz 아카이브를 설치한 후 다음 명령으로 일래스틱서치를 실행할 수 있다.

```
./bin/elasticsearch
```

.zip 패키지를 사용해 윈도우에 일래스틱서치 설치

윈도우 시스템에서 .zip 패키지를 사용해 일래스틱서치를 설치할 수 있다. 이 패키지에는 일래스틱서치를 서비스로 실행할 수 있는 elasticsearch-service.bat 명령이 있다. 일래스틱 웹 사이트의 다운로드 섹션에서 안정적인 버전의 일래스틱서치를 다운로드할 수 있다. 또한 현재 버전 대신 특정 버전을 설치하려는 경우 이전 릴리스 페이지를 참고하면 된다.

.zip 패키지 다운로드와 설치

윈도우 시스템의 경우 일래스틱 웹 사이트의 다운로드 섹션에서 .zip 패키지를 다운로드할 수 있다. 특정 버전의 일래스틱서치를 다운로드하려면 일래스틱 웹 사이트의 이전 릴리스 페이지를 참고한다. 여기서는 일래스틱서치 버전 7.1.0을 참조한다. .zip 패키지가 다운로드되면 압축을 풀어 elasticsearch- 7.1.0 폴더를 생성할 수 있다. c:에서 .zip 패키지의 압축을 해제했다고 가정하고, 폴더 내부를 탐색하려면 다음 명령을 실행한다.

```
cd c:\elasticsearch-7.1.0
```

일래스틱서치 실행

일래스틱서치 .zip 패키지를 다운로드하고 추출하면 다음 단계를 수행할 수 있다.

1. 일래스틱서치 홈 디렉터리로 이동해 다음 명령을 실행한다.

   ```
   .\bin\elasticsearch.bat
   ```

2. 일래스틱서치에서 다음 명령을 실행해 제대로 작동하는지 테스트한다.

```
curl -X GET "localhost:9200/"
```

일래스틱서치가 제대로 실행 중이면 다음과 같은 응답을 확인할 수 있다.

```
{
    "name" : "ANUGGNLPTP0305",
    "cluster_name" : "elasticsearch",
    "cluster_uuid" : "BIP_9t5fR-SxB72hLM8SwA",
    "version" : {
        "number" : "7.0.0",
        "build_flavor" : "default",
        "build_type" : "deb",
        "build_hash" : "15bb494",
        "build_date" : "2019-02-13T12:30:14.432234Z",
        "build_snapshot" : false,
        "lucene_version" : "8.0.0",
        "minimum_wire_compatibility_version" : "6.7.0",
        "minimum_index_compatibility_version" : "6.0.0"
    },
    "tagline" : "You Know, for Search"
}
```

서비스로 일래스틱서치 설치

윈도우 시스템에서는 백그라운드에서 실행할 수 있는 서비스로 일래스틱서치를 설치할 수 있다. 또한 시스템을 부팅할 때마다 서비스가 시작되도록 구성해 수동 프로세스를 제거할 수 있다. 일래스틱서치의 bin\ 폴더에 있는 elasticsearchservice.bat 스크립트를 사용해 작업을 수행할 수 있다. 이 스크립트를 사용해 서비스를 설치, 구성, 시작, 중지하고 일래스틱서치를 관리하고 제거할 수 있다. 이 스크립트로는 두 개의 매개변수를 전달할 수 있는데, 첫 번째는 필수고 두 번째는 선택이다. 첫 번째 매개변수는 설치나 제거를 위한 명령이고, 두 번째 매개변수는 SERVICE_ID로, 일래스틱서치 서비스가 둘 이상인 경우 유용하다. 매개변수 없이 elasticsearchservice.bat 스크립트를 실행하면 다음과 같은 응답을 확인할 수 있다.

```
c:\elasticsearch-7.1.0\bin>elasticsearch-service.bat
Usage: elasticsearch-service.bat install|remove|start|stop|manager
[SERVICE_ID]
```

앞의 명령에서 출력값을 확인할 수 있다. 실행 중인 서비스의 고유 식별자인 선택적 SERVICE_ID 매개변수와 함께 install, remove, start 등과 같은 명령을 제공해야 한다.

다음 명령을 스크립트에 전달할 수 있다.

- **install:** 일래스틱서치를 서비스 제거로 설치하려는 경우에 해당한다.
- **remove:** 일래스틱서치 서비스를 제거하고 서비스가 이미 실행 중인 경우에는 서비스를 중지할 수 있다.
- **manager:** 서비스를 관리하기 위한 GUI를 제공한다.
- **start:** 일래스틱서치가 설치된 경우 일래스틱서치 서비스를 시작할 수 있다.
- **stop:** 서비스가 시작된 경우 일래스틱서치 서비스가 중지된다.

데비안 패키지를 사용한 일래스틱서치 설치

데비안Debian 패키지를 사용해 데비안, 우분투 또는 기타 데비안 기반 시스템에 일
래스틱서치를 설치할 수 있고, 데비안 패키지는 일래스틱 웹 사이트나 apt 저장소
에서 다운로드할 수 있다. 일래스틱 라이선스에 따라 데비안 패키지를 자유롭게
사용할 수 있다. 일래스틱 웹 사이트의 다운로드 페이지에서 안정적인 버전을 다
운로드할 수 있다. 또한 특정 버전을 설치하려면 일래스틱 웹 사이트의 이전 릴리
스 페이지를 참고한다.

apt 저장소를 사용한 일래스틱서치 설치

apt 저장소를 사용해 일래스틱서치를 설치하기 전에 apttransport-http 패키지
를 설치해야 한다.

1. 패키지를 설치하려면 다음 명령을 실행한다.

   ```
   sudo apt-get install apt-transport-https
   ```

2. 다음과 같은 명령을 실행해 /etc/apt/sources.list.d/elastic-7.x.list에서 정
   의된 저장소를 저장한다.

   ```
   echo "deb https://artifacts.elastic.co/packages/7.x-prerelease/apt
   stable main" | sudo tee -a /etc/apt/sources.list.d/elastic-7.x.list
   ```

3. 저장소 정의가 저장되면 다음 명령을 통해 일래스틱서치 데비안 패키지를
   설치한다.

   ```
   sudo apt-get update && sudo apt-get install elasticsearch
   ```

이 방법으로 데비안 패키지를 사용해 일래스틱서치를 설치할 수 있다.

데비안 패키지를 사용한 수동 설치

일래스틱 웹 사이트에서 일래스틱서치의 데비안 패키지를 다운로드할 수 있다.
설치하려면 다음 단계를 따라 한다.

1. 다음 명령으로 elasticsearch-7.1.0-amd64.deb 데비안 패키지를 다운로
   드한다.

   ```
   wget
   https://artifacts.elastic.co/downloads/elasticsearch/elasticsearch7.1.0-
   amd64.deb wget
   https://artifacts.elastic.co/downloads/elasticsearch/elasticsearch7.1.0-
   amd64.deb.sha512
   ```

2. 데비안 패키지를 다운로드한 후 SHA와 게시된 체크섬 값을 비교한다.

   ```
   shasum -a 512 -c elasticsearch-7.1.0-amd64.deb.sha512
   ```

3. 다음 명령을 실행해 데비안 패키지를 설치한다.

   ```
   sudo dpkg -i elasticsearch-7.1.0-amd64.deb
   ```

위 명령으로 데비안 패키지를 사용해 일래스틱서치를 설치할 수 있다.

RPM을 사용한 일래스틱서치 설치

RPM 패키지를 사용해 openSUSE, CentOS, 레드햇^{Red Hat} 기반 시스템에 일래스틱서치를 설치할 수 있다. 일래스틱 웹 사이트나 apt 저장소에서 RPM 패키지를 다운로드할 수 있고, 일래스틱 라이선스에 따라 RPM 패키지를 자유롭게 사용할 수 있다. 일래스틱 웹 사이트의 다운로드 페이지에서 안정적인 버전을 다운로드할 수 있다. 또한 특정 버전을 설치하려면 일래스틱 웹 사이트의 이전 릴리스 페이지를 참고하면 된다.

apt 저장소를 사용한 설치

먼저 다음 내용을 참고해 elasticsearch.repo 파일을 작성한다.

```
[elasticsearch-7.x]
name=Elasticsearch repository for 7.x packages
baseurl=https://artifacts.elastic.co/packages/7.x-prerelease/yum
gpgcheck=1 gpgkey=https://artifacts.elastic.co/GPG-KEY-elasticsearch
enabled=1
autorefresh=1
type=rpm-md
```

레드햇 기반 배포판의 경우 파일을 /etc/yum.repos.d/ 디렉터리에 저장하며 openSUSE 기반 배포판의 경우에는 파일을 /etc/zypp/repos.d에 저장해야 한다. /etc/ zypp/repos.d/ 파일이 생성되고 저장되면 다음 명령을 실행해 일래스틱서치를 설치할 수 있다.

* CentOS와 이전 레드햇 기반 배포판의 경우 yum 명령을 사용할 수 있다.

  ```
  sudo yum install elasticsearch
  ```

- 페도라[Fedora]와 새로운 레드햇 기반 배포의 경우 dnf 명령을 사용해 일래스틱서치를 설치할 수 있다.

```
sudo dnf install elasticsearch
```

- openSUSE 기반 배포의 경우 zypper 명령을 사용해 일래스틱서치를 설치할 수 있다.

```
sudo zypper install elasticsearch
```

RPM을 사용한 수동 설치

일래스틱 웹 사이트에서 일래스틱서치의 RPM 패키지를 다운로드한 후 다음 단계를 따라 설치할 수 있다.

1. 다음을 사용해 일래스틱서치 v7.1.0용 RPM 패키지를 다운로드할 수 있다.

```
wget
https://artifacts.elastic.co/downloads/elasticsearch/elasticsearch7.1.0-
x86_64.rpm wget
https://artifacts.elastic.co/downloads/elasticsearch/elasticsearch7.1.0-
x86_64.rpm.sha512
```

2. RPM 패키지를 다운로드한 후 SHA와 게시된 체크섬 값을 비교한다.

```
shasum -a 512 -c elasticsearch-7.1.0-x86_64.rpm.sha512
```

3. 다음 명령을 실행해 RPM 패키지를 설치한다.

```
sudo rpm --install elasticsearch-7.1.0-x86_64.rpm
```

앞의 명령으로 RPM 패키지를 사용해 일래스틱서치를 설치할 수 있다.

일래스틱서치 실행

다음과 같이 두 가지 방법으로 일래스틱서치를 실행할 수 있다.

- SysV로 일래스틱서치 실행
- systemd를 사용해 일래스틱서치 실행

SysV로 일래스틱서치 실행

chkconfig 명령을 사용해 재부팅할 때마다 일래스틱서치가 자동으로 시작되도록 구성할 수 있다.

```
sudo chkconfig --add elasticsearch
```

일래스틱서치를 시작하려면 다음 명령을 실행한다.

```
sudo -i service elasticsearch start
```

일래스틱서치를 중지하려면 다음 명령을 실행한다.

```
sudo -i service elasticsearch stop
```

systemd로 일래스틱서치 실행

재부팅할 때마다 일래스틱서치를 자동으로 시작하려면 다음 명령을 실행한다.

```
sudo /bin/systemctl daemon-reload
sudo /bin/systemctl enable elasticsearch.service
```

일래스틱서치를 시작하려면 다음 명령을 실행한다.

```
sudo systemctl start elasticsearch.service
```

일래스틱서치를 중지하려면 다음 명령을 실행한다.

```
sudo systemctl stop elasticsearch.service
```

앞의 명령은 명령의 성공 여부를 알려주는 STDOUT에 대한 업데이트를 제공하지 않는다. 업데이트는 /var/log/elasticsearch/ 디렉터리에 있는 일래스틱서치 로그 파일에서 확인할 수 있다.

일래스틱서치가 동작하는지 확인

일래스틱서치를 실행한 후 다음 명령을 실행해 제대로 작동하는지 테스트할 수 있다.

```
curl -X GET "localhost:9200/"
```

일래스틱서치가 제대로 실행 중이면 다음과 같은 응답이 나타난다.

```
{
    "name" : "ANUGGNLPTP0305",
    "cluster_name" : "elasticsearch",
    "cluster_uuid" : "BIP_9t5fR-SxB72hLM8SwA",
    "version" : {
        "number" : "7.0.0-beta1",
        "build_flavor" : "default",
        "build_type" : "deb",
        "build_hash" : "15bb494",
        "build_date" : "2019-02-13T12:30:14.432234Z",
        "build_snapshot" : false,
        "lucene_version" : "8.0.0",
        "minimum_wire_compatibility_version" : "6.7.0",
        "minimum_index_compatibility_version" : "6.0.0-beta1"
    },
    "tagline" : "You Know, for Search"
}
```

지금까지 일래스틱서치를 설치하고 일래스틱서치 서비스를 시작했으며, curl을 사용해 서비스를 실행함으로써 테스트했다. 이제 키바나를 설치하고 실행하는 방법을 알아보자.

키바나 설치

키바나는 일래스틱 스택의 UI이며, 주로 데이터 분석과 시각화에 사용된다. 사용하는 운영체제에 따라 일래스틱서치를 설치하는 방법은 다양하다. 여기서는 .zip이나 .tar.gz 아카이브, deb 패키지, rpm 패키지, 윈도우용 msi 패키지, 도커 컨테이너를 사용하는 등 일래스틱서치를 설치하는 다양한 방법을 다룬다. 먼저 .zip이나 .tar.gz 아카이브를 사용해 일래스틱서치의 설치를 시작해보자.

.zip이나 .tar.gz 아카이브를 사용해 키바나 설치

리눅스에서는 tar.gz 패키지를 사용해 키바나를 설치할 수 있지만 .zip 패키지를 사용해 윈도우에 키바나를 설치할 수 있다. tar.gz이나 .zip 패키지를 사용해 설치하는 것이 가장 쉬운 방법으로, 패키지를 다운로드해 설치하면 된다.

.tar.gz 아카이브를 사용한 다운로드와 설치

리눅스시스템에 설치하는 데 .tar.gz 키바나 패키지를 사용할 수 있다. 키바나를 설치하는 가장 쉬운 방법은 다음 단계를 따라 하는 것이다.

1. 다음 명령을 사용해 리눅스 아카이브를 다운로드해서 키바나를 설치한다.

```
Wget
https://artifacts.elastic.co/downloads/kibana/kibana-7.1.0-linux-x8
6_64.tar.gz
```

2. 다음 명령을 실행해 게시된 SHA로 생성된 SHA를 검증함으로써 파일을 확인할 수 있다.

```
shasum -a 512 kibana-7.1.0-linux-x86_64.tar.gz
```

3. 그 후 다음 명령을 실행해 .tar.gz 패키지를 추출한다.

```
tar -xzf kibana-7.1.0-linux-x86_64.tar.gz
```

4. 이제 다음 명령을 실행해 추출된 디렉터리 내부를 탐색할 수 있다.

```
cd kibana-7.1.0-linux-x86_64/
```

키바나 실행

키바나를 실행하려면 다음 명령을 실행한다.

```
./bin/kibana
```

앞의 명령을 사용해 키바나를 실행할 수 있다. 키바나 홈 디렉터리, 즉 추출된 키바나 디렉터리에서 명령이 실행되고 있는지 확인하면 된다.

.zip 아카이브를 사용한 다운로드와 설치

키바나의 .zip 패키지를 사용해 윈도우 시스템에 키바나를 설치할 수 있다. 일래스틱 웹 사이트의 다운로드 섹션에서 최신 안정 버전의 키바나를 다운로드할 수 있다. 키바나의 특정 버전을 다운로드하려면 일래스틱 웹 사이트의 이전 릴리스 페이지를 참고한다. 여기에서는 키바나 버전 7.1.0을 사용한다. .zip 패키지가 다운로드되면 압축을 풀어 kibana-7.1.0 폴더를 생성할 수 있다. c:에서 .zip 패키지를 압축을 해제했다고 가정하고 폴더 내부를 탐색하려면 다음 명령을 실행한다.

```
CD c:\kibana-7.1.0-windows-x86_64
```

키바나 실행

키바나 .zip 패키지를 다운로드하고 압축을 풀면 키바나 홈 디렉터리로 이동해 다음 명령을 실행할 수 있다.

```
.\bin\kibana.bat
```

앞의 명령을 실행한 후 기본적으로 키바나가 포어그라운드에서 실행되는 STDOUT
의 로그를 확인할 수 있다. Ctrl + C를 눌러 키바나를 중지할 수도 있다.

데비안 패키지를 사용한 키바나 설치

데비안 패키지를 사용해 데비안, 우분투 또는 기타 데비안 기반 시스템에 키바나
를 설치할 수 있다. 데비안 패키지는 일래스틱웹 사이트나 apt 저장소에서 다운로
드할 수 있고, 일래스틱 라이선스에 따라 데비안 패키지를 자유롭게 사용할 수 있
다. 일래스틱 웹 사이트의 다운로드 페이지에서 안정적인 버전을 다운로드할 수
있다. 또한 특정 버전을 설치하려면 일래스틱 웹 사이트의 이전 릴리스 페이지를
참고하면 된다.

apt 저장소를 사용한 설치

apt 저장소를 사용해 키바나를 설치하기 전에 다음과 같이 apt-transporthttp 패
키지를 설치해야 한다.

1. 이 패키지를 설치하려면 다음 명령을 실행한다.

   ```
   sudo apt-get install apt-transport-https
   ```

2. 다음으로 /etc/apt/sources.list.d/elastic-7.x.list에 저장소 정의를 저장하
   고자 다음 명령을 실행한다.

   ```
   echo "deb https://artifacts.elastic.co/packages/7.x-prerelease/apt
   ```

```
stable main" | sudo tee -a /etc/apt/sources.list.d/elastic-7.x.list
```

3. 저장소 정의가 저장되면 다음 명령을 실행해 키바나 데비안 패키지를 설치한다.

```
sudo apt-get update && sudo apt-get install kibana
```

이런 방식으로 데비안 패키지를 사용해 키바나를 설치할 수 있다.

데비안 패키지를 사용한 키바나 수동 설치

일래스틱 웹 사이트에서 키바나의 데비안 패키지를 다운로드하고 다음 단계를 따라 설치할 수 있다.

1. 다음 명령을 실행해 kibana-7.1.0-amd64.deb 데비안 패키지를 다운로드한다.

```
wget https://artifacts.elastic.co/downloads/kibana/kibana-7.1.0amd64.deb
```

2. 데비안 패키지를 다운로드한 후 다음 명령을 실행해 SHA를 게시된 체크섬과 비교한다.

```
shasum -a 512 kibana-7.1.0-amd64.deb
```

3. 다음 명령을 실행해 데비안 패키지를 설치한다.

```
sudo dpkg -i kibana-7.1.0-amd64.deb
```

앞의 명령을 실행해 데비안 패키지를 사용해서 키바나를 설치할 수 있다.

키바나 실행

다음과 같이 두 가지 방법으로 키바나를 실행할 수 있다.

- SysV로 키바나 실행
- systemd로 키바나 실행

SysV로 키바나 실행

chkconfig 명령을 사용해 재부팅할 때마다 키바나가 자동으로 시작되도록 구성할 수 있다.

```
sudo update-rc.d kibana defaults 95 10
```

키바나를 시작하려면 다음 명령을 실행한다.

```
sudo -i service kibana start
```

키바나를 중지하려면 다음 명령을 실행한다.

```
sudo -i service kibana stop
```

systemd로 키바나 실행

재부팅할 때마다 키바나를 자동으로 시작하려면 다음 명령을 실행한다.

```
sudo /bin/systemctl daemon-reload
```

```
sudo /bin/systemctl enable kibana.service
```

키바나를 시작하려면 다음 명령을 실행한다.

```
sudo systemctl start kibana.service
```

키바나를 중지하려면 다음 명령을 실행한다.

```
sudo systemctl stop kibana.service
```

이 명령은 명령의 성공 여부를 알려주는 STDOUT에 대한 업데이트를 제공하지 않는다. 업데이트는 /var/log/kibana/ 디렉터리에 있는 키바나 로그 파일에서 확인할 수 있다.

RPM을 사용한 키바나 설치

RPM 패키지를 사용해 openSUSE, CentOS 또는 레드햇 기반 시스템에 키바나를 설치할 수 있고, 일래스틱 웹 사이트나 apt 저장소에서 RPM 패키지를 다운로드할 수 있다. 일래스틱 라이선스에 따라 RPM 패키지를 자유롭게 사용할 수 있다. 일래스틱 웹 사이트의 다운로드 페이지에서 안정적인 버전을 다운로드할 수 있다. 또한 특정 버전을 설치하려면 일래스틱 웹 사이트의 이전 릴리스 페이지를 참고한다.

apt 저장소를 사용한 설치

먼저 다음 콘텐츠를 사용해 kibana.repo 파일을 작성해야 한다.

```
[kibana-7.x]
name=Kibana repository for 7.x packages
baseurl=https://artifacts.elastic.co/packages/7.x-prerelease/yum
gpgcheck=1
gpgkey=https://artifacts.elastic.co/GPG-KEY-elasticsearch
enabled=1
autorefresh=1
type=rpm-md
```

레드햇 기반 배포의 경우 /etc/yum.repos.d/ 디렉터리에 파일을 저장해야 하며, openSUSE 기반 배포의 경우 파일을 /etc/zypp/repos.d 디렉토리에 저장한다. 일단 파일이 생성되고 저장되면 다음 명령어를 사용해 일래스틱서치를 설치할 수 있다.

- CentOS와 이전 레드햇 기반 배포의 경우 yum 명령을 사용할 수 있다.

  ```
  sudo yum install kibana
  ```

- 페도라와 새로운 레드햇 기반 배포판의 경우 dnf 명령을 사용해 키바나를 설치할 수 있다.

  ```
  sudo dnf install kibana
  ```

- openSUSE 기반 배포의 경우 zypper 명령을 사용해 키바나를 설치할 수 있다.

  ```
  sudo zypper install kibana
  ```

RPM을 사용한 수동 설치

일래스틱 웹 사이트에서 키바나의 RPM 패키지를 다운로드하고 다음 단계를 따라 설치할 수 있다.

1. 다음 명령을 실행해 키바나 v7.1.0 용 RPM 패키지를 다운로드한다.

```
wget https://artifacts.elastic.co/downloads/kibana/kibana-7.1.0x86_64.rpm
```

2. RPM 패키지를 다운로드한 후 다음 명령을 실행해 SHA를 게시된 체크섬 값과 비교한다.

```
shasum -a 512 kibana-7.1.0-x86_64.rpm
```

3. 다음 명령을 실행해 RPM 패키지를 설치한다.

```
sudo rpm --install kibana-7.1.0-x86_64.rpm
```

위의 명령으로 RPM 패키지를 사용해 키바나를 설치할 수 있다.

키바나 실행

다음과 같이 두 가지 방법으로 키바나를 실행할 수 있다.

- SysV로 키바나 실행
- systemd로 키바나 실행

SysV로 키바나 실행

chkconfig 명령을 사용해 재부팅할 때마다 키바나가 자동으로 시작되도록 구성할 수 있다.

```
sudo chkconfig --add kibana
```

키바나를 시작하려면 다음 명령을 실행한다.

```
sudo -i service kibana start
```

키바나를 중지하려면 다음 명령을 실행한다.

```
sudo -i service kibana stop
```

systemd로 키바나 실행

재부팅할 때마다 키바나를 자동으로 시작하려면 다음 명령을 실행한다.

```
sudo /bin/systemctl daemon-reload
sudo /bin/systemctl enable kibana.service
```

키바나를 시작하려면 다음 명령을 실행한다.

```
sudo systemctl start kibana.service
```

키바나를 중지하려면 다음 명령을 실행한다.

```
sudo systemctl stop kibana.service
```

앞의 명령은 STDOUT에서 명령의 성공 여부를 알려주는 업데이트를 제공하지 않는다. 업데이트는 /var/log/kibana/ 디렉터리에 있는 일래스틱서치 로그 파일에서 확인할 수 있다.

▌ 로그스태시 설치

로그스태시^{Logstash}는 오픈소스 실시간 데이터 수집 엔진이다. 로그스태시를 사용하려면 시스템에 자바 8이 설치돼 있어야 하므로 자바 8이 설치돼 있는지 확인해야 한다. 또한 로그스태시는 자바 9를 지원하지 않으므로 지금은 자바 8을 사용해야 한다. 설치된 자바 버전을 확인하려면 다음 명령을 실행한다.

```
java -version
```

자바 버전 8이 확인되면 로그스태시 설치를 진행할 수 있다.

다운로드한 이진 파일을 사용한 로그스태시 설치

일래스틱 웹 사이트(https://www.elastic.co/downloads/logstash)에서 로그스태시 이진 설치 파일을 다운로드할 수 있고, 파일을 다운로드한 후 압축을 풀어야 한다. 일래스틱 라이선스에 따라 이 패키지는 자유롭게 사용할 수 있다.

패키지 저장소에서 로그스태시 설치

apt와 yum 같은 배포에 기반을 둔 저장소를 사용해 로그스태시를 설치할 수 있다.

apt 패키지를 사용한 로그스태시 설치

apt 패키지의 경우 우선 다음의 명령어를 사용해 공개 서명키를 다운로드한 후 설치해야 한다.

```
wget -qO - https://artifacts.elastic.co/GPG-KEY-elasticsearch | sudo apt-
key add -
```

데비안에서는 로그스태시를 설치하기 전에 apt-transport-https 패키지를 설치한다.

```
sudo apt-get install apt-transport-https
```

다음 명령을 실행해 /etc/apt/sources.list.d/elastic-7.x-prerelease.list에 저장소 정의를 저장한다.

```
echo "deb https://artifacts.elastic.co/packages/7.x-prerelease/apt stable main" |
sudo tee -a /etc/apt/sources.list.d/elastic-7.x-prerelease.list
```

이제 저장소를 업데이트한 후 다음 명령을 실행해 로그스태시를 설치한다.

```
sudo apt-get update && sudo apt-get install logstash
```

이런 방식으로 apt 패키지를 사용해 로그스태시를 설치할 수 있다.

yum 패키지를 사용한 로그스태시 설치

yum 패키지의 경우 다음 명령을 실행해 공개 서명키를 다운로드한 후 먼저 설치해야 한다.

```
rpm --import https://artifacts.elastic.co/GPG-KEY-elasticsearch
```

/etc/yum.repos.d/ 디렉터리에 logstash.repo와 같이 .repo 접미사가 있는 파일을
작성한 후 파일에 다음 내용을 추가하면 된다.

```
[logstash-7.x]
name=Elastic repository for 7.x packages
baseurl=https://artifacts.elastic.co/packages/7.x-prerelease/yum
gpgcheck=1
gpgkey=https://artifacts.elastic.co/GPG-KEY-elasticsearch
enabled=1
autorefresh=1
type=rpm-md
```

파일이 생성되면 저장소가 준비되고 다음 명령을 실행해 로그스태시를 설치할 수
있다.

```
sudo yum install logstash
```

이런 식으로 yum을 사용해 로그스태시를 설치할 수 있다.

서비스로 로그스태시 실행

로그스태시는 설치 후 자동 시작되지 않기 때문에 수동으로 시작해야 한다. 시스
템을 기반으로 로그스태시를 시작하고 중지하는 방법은 다양하다. 즉, SysV를 사
용하는지, 시스템을 시작했는지 또는 시작하는지를 나타낸다.

systemd로 로그스태시 실행

로그스태시의 시스템 단위 파일은 deb와 rpm의 /etc/systemd/system에 있다. 로그스태시를 설치한 후 다음 명령을 사용해 시작할 수 있다.

```
sudo systemctl start logstash.service
```

로그스태시를 중지하려면 다음 명령을 실행한다.

```
sudo systemctl stop logstash.service
```

이러한 방식으로 시스템 기반 시스템에서 로그스태시 서비스를 시작하거나 중지할 수 있다.

upstart로 로그스태시 실행

upstart를 사용하는 시스템에서 로그스태시를 시작하려면 다음 명령을 실행한다.

```
sudo initctl start logstash
```

로그스태시를 중지하려면 다음 명령을 실행한다.

```
sudo initctl stop logstash
```

이러한 방식으로 upstart 기반 시스템에서 로그스태시 서비스를 시작하거나 중지할 수 있다.

SysV로 로그스태시 실행

SysV를 사용하는 시스템에서 로그스태시를 시작하려면 다음 명령을 실행한다.

```
sudo /etc/init.d/logstash start
```

로그스태시를 중지하려면 다음 명령을 실행한다.

```
sudo /etc/init.d/logstash stop
```

이러한 방식으로 SysV 기반 시스템에서 로그스태시 서비스를 시작하거나 중지할 수 있다. 다음으로 비츠를 설치하는 방법을 알아보자.

▌ 비츠 설치

비츠[Beats]는 서버에 설치해 로그스태시나 일래스틱서치로 데이터를 보낼 수 있는 경량의 데이터 전달자와 같은 개념이다. 파일비트[Filebeat], 패킷비트[Packetbeat], 윈로그비트[Winlogbeat], 메트릭비트[Metricbeat], 하트비트[Heartbeat] 등과 같은 다양한 목적을 가진 비트가 있다. 이번 절에서는 몇 가지 유형의 비트를 설치해보겠다.

파일비트 설치

시스템에 따라 파일비트[Filebeat] 설치 옵션이 다르다.

데비안

데비안 시스템에 파일비트를 설치하려면 다음 명령을 실행한다.

```
curl -L -O
https://artifacts.elastic.co/downloads/beats/filebeat/filebeat-7.0.0-beta1-
amd64.deb
sudo dpkg -i filebeat-7.0.0-beta1-amd64.deb
```

rpm

RPM 패키지를 사용해 파일비트를 설치하려면 다음 명령을 실행한다.

```
curl -L -O
https://artifacts.elastic.co/downloads/beats/filebeat/filebeat-7.0.0-beta1-
x86_64.rpm
sudo rpm -vi filebeat-7.0.0-beta1-x86_64.rpm
```

맥OS

맥OS 시스템에 파일비트를 설치하려면 다음 명령을 실행한다.

```
curl -L -O
https://artifacts.elastic.co/downloads/beats/filebeat/filebeat-7.0.0-beta1-
darwin-x86_64.tar.gz
tar xzvf filebeat-7.0.0-beta1-darwin-x86_64.tar.gz
```

리눅스

리눅스 시스템에 파일비트를 설치하려면 다음 명령을 실행한다.

```
curl -L -O
https://artifacts.elastic.co/downloads/beats/filebeat/filebeat-7.0.0-beta1-
linux-x86_64.tar.gz
```

```
tar xzvf filebeat-7.0.0-beta1-linux-x86_64.tar.gz
```

윈도우

윈도우 시스템에 파일비트를 설치하려면 다음 단계를 따라 한다.

1. 일래스틱 웹 사이트의 다운로드 페이지에서 윈도우 ZIP 패키지를 다운로 드한다.
2. C:\Program Files에서 ZIP 파일을 추출한다.
3. 추출된 폴더의 이름을 filebeat-<version>-indows에서 Filebeat로 바꾼다.
4. 다음 명령을 실행해 관리자로 열어야 하는 파워셸PowerShell 프롬프트에서 Filebeat를 설치한다.

```
PS > cd 'C:\Program Files\Filebeat'
PS C:\Program Files\Filebeat> .\install-service-filebeat.ps1
```

메트릭비트 설치

시스템에 따라 메트릭비트Metricbeat 설치 옵션이 다르다.

데비안

데비안 시스템에 메트릭비트를 설치하려면 다음 명령을 실행한다.

```
curl -L -O
https://artifacts.elastic.co/downloads/beats/metricbeat/metricbeat-7.0.0-
beta1-amd64.deb
sudo dpkg -i metricbeat-7.0.0-beta1-amd64.deb
```

rpm

RPM 패키지를 사용해 메트릭비트를 설치하려면 다음 명령을 실행한다.

```
curl -L -O
https://artifacts.elastic.co/downloads/beats/metricbeat/metricbeat-7.0.0-
beta1-x86_64.rpm
sudo rpm -vi metricbeat-7.0.0-beta1-x86_64.rpm
```

맥OS

맥OS 시스템에 메트릭비트를 설치하려면 다음 명령을 실행한다.

```
curl -L -O
https://artifacts.elastic.co/downloads/beats/metricbeat/metricbeat-7.0.0-
beta1-darwin-x86_64.tar.gz
tar xzvf metricbeat-7.0.0-beta1-darwin-x86_64.tar.gz
```

리눅스

리눅스 시스템에 메트릭비트를 설치하려면 다음 명령을 실행한다.

```
curl -L -O
https://artifacts.elastic.co/downloads/beats/metricbeat/metricbeat-7.0.0-
beta1-linux-x86_64.tar.gz
tar xzvf metricbeat-7.0.0-beta1-linux-x86_64.tar.gz
```

윈도우

윈도우 시스템에 메트릭비트를 설치하려면 다음 단계를 따라 한다.

1. 일래스틱 웹 사이트의 다운로드 페이지에서 윈도우 ZIP 패키지를 다운로드한다.
2. C:\Program File에서 ZIP 파일을 추출한다.
3. 추출된 폴더의 이름을 metricbeat-<version>-windows에서 Metricbeat로 바꾼다.
4. 파워셸 프롬프트에서 메트릭비트를 설치하려면 관리자 권한으로 다음 명령을 실행한다.

```
PS > cd 'C:\Program Files\Metricbeat'
PS C:\Program Files\Metricbeat> .\install-service-metricbeat.ps1
```

패킷비트 설치

시스템에 따라 패킷비트^{Packetbeat} 설치 옵션이 다르다.

데비안

데비안 시스템에 패킷비트를 설치하려면 다음 명령을 실행한다.

```
sudo apt-get install libpcap0.8
curl -L -O
https://artifacts.elastic.co/downloads/beats/packetbeat/packetbeat-7.0.0-
beta1-amd64.deb
sudo dpkg -i packetbeat-7.0.0-beta1-amd64.deb
```

rpm

RPM 패키지를 사용해 패킷비트를 설치하려면 다음 명령을 실행한다.

```
sudo yum install libpcap
curl -L -O
https://artifacts.elastic.co/downloads/beats/packetbeat/packetbeat-7.0.0-
beta1-x86_64.rpm
sudo rpm -vi packetbeat-7.0.0-beta1-x86_64.rpm
```

맥OS

맥OS 시스템에 패킷비트를 설치하려면 다음 명령을 실행한다.

```
curl -L -O
https://artifacts.elastic.co/downloads/beats/packetbeat/packetbeat-7.0.0-
beta1-darwin-x86_64.tar.gz
tar xzvf packetbeat-7.0.0-beta1-darwin-x86_64.tar.gz
```

리눅스

리눅스 시스템에 패킷비트를 설치하려면 다음 명령을 실행한다.

```
curl -L -O
https://artifacts.elastic.co/downloads/beats/packetbeat/packetbeat-7.0.0-
beta1-linux-x86_64.tar.gz
tar xzvf packetbeat-7.0.0-beta1-linux-x86_64.tar.gz
```

윈도우

윈도우 시스템에 패킷비트를 설치하려면 다음 단계를 따라 한다.

1. 일래스틱 웹 사이트의 다운로드 페이지에서 윈도우 ZIP 패키지를 다운로
   드한다.

2. C:\Program Files에서 ZIP 파일을 추출한다.

3. 추출된 폴더의 이름을 packetbeat-<version>-windows에서 Packetbeat로 바꾼다.

4. 파워셸 프롬프트에서 패킷비트를 설치하려면 다음 명령을 관리자 권한으로 실행한다.

```
PS > cd 'C:\Program Files\Packetbeat'
PS C:\Program Files\Packetbeat> .\install-service-packetbeat.ps1
```

하트비트 설치

하트비트Heartbeat는 서비스를 모니터링하는 데 사용하는 간단한 데이터 전달자다. 시스템에 따라 하트비트 설치 옵션이 다르다.

데비안

데비안 시스템에 하트비트를 설치하려면 다음 명령을 실행한다.

```
curl -L -O
https://artifacts.elastic.co/downloads/beats/heartbeat/heartbeat-7.0.0-
beta1-amd64.deb
sudo dpkg -i heartbeat-7.0.0-beta1-amd64.deb
```

rpm

RPM 패키지를 사용해 하트비트를 설치하려면 다음 명령을 실행한다.

```
curl -L -O
```

```
https://artifacts.elastic.co/downloads/beats/heartbeat/heartbeat-7.0.0-
beta1-x86_64.rpm
sudo rpm -vi heartbeat-7.0.0-beta1-x86_64.rpm
```

맥OS

맥OS 시스템에 하트비트를 설치하려면 다음 명령을 실행한다.

```
curl -L -O https://artifacts.elastic.co/downloads/beats/heartbeat/heartbeat-7.0.0-
beta1-darwin-x86_64.tar.gz
tar xzvf heartbeat-7.0.0-beta1-darwin-x86_64.tar.gz
```

리눅스

리눅스 머신에 하트비트를 설치하려면 다음 명령을 실행한다.

```
curl -L -O
https://artifacts.elastic.co/downloads/beats/heartbeat/heartbeat-7.0.0-
beta1-linux-x86_64.tar.gz
tar xzvf heartbeat-7.0.0-beta1-linux-x86_64.tar.gz
```

윈도우

윈도우 시스템에 하트비트를 설치하려면 다음 단계를 따라 한다.

1. 일래스틱 웹 사이트의 다운로드 페이지에서 윈도우 ZIP 패키지를 다운로드한다.
2. C:\Program Files에서 ZIP 파일을 추출한다.

3. 추출된 폴더의 이름을 heartbeat-<version>-windows에서 Heartbeat로 바꾼다.

4. 파워셀 프롬프트에서 하트비트를 설치하려면 다음 명령을 관리자 권한으로 실행한다.

```
PS > cd 'C:\Program Files\Heartbeat'
PS C:\Program Files\Heartbeat> .\install-service-heartbeat.ps1
```

윈로그비트 설치

윈도우 시스템에 윈로그비트^{Winlogbeat}를 설치하려면 다음 단계를 따라 한다.

1. 일래스틱 웹 사이트의 다운로드 페이지에서 윈로그비트 윈도우 ZIP 패키지를 다운로드한다.

2. C:\Program Files에서 ZIP 파일을 추출한다.

3. 추출된 폴더의 이름을 winlogbeat-<version>-windows에서 Winlogbeat로 바꾼다.

4. 파워셀 프롬프트에서 윈로그비트를 설치하려면 다음 명령을 관리자 권한으로 실행한다.

```
PS C:\Users\Administrator> cd 'C:\Program Files\Winlogbeat'
PS C:\Program Files\Winlogbeat> .\install-service-winlogbeat.ps1
```

이런 방식으로 윈도우 시스템에 윈로그비트를 설치할 수 있다.

❙ 요약

2장에서는 일래스틱 스택을 설치하는 방법을 알아봤다. 여러 유형의 기기에 일래스틱서치를 설치한 후 다른 유형의 기기에 키바나 설치하는 방법을 다뤘다. 머신에 완전한 일래스틱 스택을 설치하려면 올바른 순서를 따라야 한다. 또한 다른 유형의 머신에 로그스태시를 설치하는 방법도 살펴봤다. 마지막으로 파일비트 Filebeat, 메트릭비트 Metricbeat, 패킷비트 Packetbeat, 하트비트 Heartbeat, 윈로그비트 Winlogbeat 등의 여러 비트를 설치하는 방법을 설명했다. 3장에서는 키바나를 사용해 비즈니스를 분석하는 방법과 인덱스 패턴을 생성해 일래스틱서치로 푸시된 데이터를 분석하는 방법을 알아본다.

2부
데이터 탐색

2부에서는 비츠와 로그스태시를 사용해 입력한 데이터를 다루고, Discover를 사용해 데이터를 분석하는 방법을 설명한다. 또한 키바나 비주얼라이즈^{Visualize}를 사용해 데이터를 시각화하는 방법과 키바나에서 대시보드를 만드는 방법도 설명한다.

2부에서 다루는 내용은 다음과 같다.

- 3장, 키바나를 사용한 비즈니스 분석
- 4장, 키바나를 사용한 데이터 시각화

키바나를 사용한 비즈니스 분석

이제 일래스틱 스택을 설치했으니 본격적으로 대시보드와 시각화를 만들어보자. 3장에서는 로깅 로그 분석 사용 사례에 중점을 두고 아파치 로그 데이터를 분석하는 방법을 살펴본 다음, CSV 파일을 사용해 데이터 수집, MySQL을 사용하는 관계형 데이터베이스 관리 시스템^{RDBMS, Relational Database Management System} 데이터베이스와 몽고DB^{MongoDB}를 사용하는 NoSQL을 다룬다. 아파치 로그를 수집하는 데 비츠를 사용하고 MySQL과 몽고DB 데이터를 수집하는 데 로그스태시를 사용한다.

3장에서 다루는 내용은 다음과 같다.

- 로그 이해
- 데이터 모델링
- 데이터 임포트

- 비츠
- 데이터 임포트를 위해 파일비트 설정
- 로그스태시
- 로그스태시를 이용해 CSV 데이터 읽기
- 로그스태시 이용해 몽고DB 데이터 읽기
- 로그스태시 이용해 MySQL 데이터 읽기
- 인덱스 패턴 생성

▌ 로그 이해

모든 시스템에서 매우 중요한 부분이므로 로그를 알아보면서 3장을 시작한다. 로그 정보를 사용하면 시스템의 세부 정보에 비교적 쉽게 접근할 수 있다. 그렇다면 로그는 무엇인가? 로그log는 타임스탬프와 이벤트 자체에 대한 설명이 포함된 이벤트다. 저널이나 로그 파일에 순차적으로 추가되며, 로그의 모든 줄은 타임스탬프를 기준으로 정렬된다. 예를 들어 아파치 서버 로그는 다음과 같다.

```
127.0.0.1 - - [02/Apr/2019:10:15:22 +0530] "POST /blog/admin.php HTTP/1.1"
302 326 "http://localhost/blog/admin.php" "Mozilla/5.0 (X11; Ubuntu; Linux
x86_64; rv:66.0) Gecko/20100101 Firefox/66.0"
```

이 코드를 보면 IP 주소(127.0.0.1), 타임스탬프(02/Apr/2019:10:15:22 +0530), HTTP 동사(POST), 쿼리된 리소스(/blog/admin.php)와 같은 특정 정보의 의미를 추측할 수 있다. 이 정보들은 서버의 트래픽 분석, 의심스러운 동작 감지 또는 웹사이트의 사용자 경험을 향상시키는 데이터 활용과 같은 다양한 목적에 필수적이다.

시각화 애플리케이션이 로그 분석용 솔루션으로 제공되기 전에 IT 운영 팀은 이 데이터에 대한 막대한 문자열 패턴 검색(GREP) 명령을 구현해 핵심을 추출했다. 그러나 인간이 대응할 수 없는 규모로 데이터가 많아지는 환경에서는 GREP만 사용해서는 더 이상 환영받지 못한다.

 GREP는 일반 텍스트 데이터 세트를 검색하는 데 사용할 수 있는 명령 유틸리티다. 기본적으로 제공된 정규식에 일치하는 결과를 반환한다.

키바나는 먼저 명백한 데이터의 시각화를 통해 예상하지 못했던 데이터를 발견함으로써 로그 관리를 단순화할 수 있는 기능을 제공한다.

▍데이터 모델링

모든 제품과 마찬가지로 일래스틱 스택은 데이터 모델링 사례를 제공한다. 키바나는 일래스틱서치에서 합계의 결과인 데이터를 렌더링한다. 일래스틱서치는 같은 인덱스 값을 갖는 데이터의 집계를 수행한다. 인덱스에는 필드가 붙여진 문서들이 포함되며, 결과적으로 문서의 일관성이 높을수록 데이터 집계가 더 넓어진다. 문서의 일관성에 따르면 이벤트나 엔티티를 설명할 수 있는 가능한 한 많은 필드를 의미한다. 이것을 엔티티 중심 문서라고 한다.

예를 들어 원시 데이터의 구조는 다음과 같다.

```
10000101,HY190020,03/18/2015 10:09:00 PM,036XX S WOLCOTT
AVE,1811,NARCOTICS,POSS: CANNABIS 30GMS OR
LESS,STREET,true,false,0912,009,11,59,18,1164279,1880656,2015,02/10/2018
03:50:01 PM,41.828138428,-87.672782106,"(41.828138428, -87.672782106)"
```

이는 시카고의 범죄 사건과 기록을 설명하는 쉼표로 구분된 로그다. 데이터 세트는 미국 정부 웹 사이트(https://catalog.data.gov/dataset/crimes-2001-to-present-398a4)에서 공개적으로 제공된다. 이 로그는 ID, 사건 번호, 날짜, 블록, IUCR, 기본 유형, 설명, 위치 설명, 체포, 국내, 비트, 지구, 구청, 커뮤니티 지역, FBI 코드, X 좌표, Y 좌표, 연도, 업데이트 켜기, 위도, 경도, 위치와 같은 값들을 포함한다. 이를 일래스틱서치가 기대하는 적절한 JSON 문서로 변환하면 다음과 같다.

```
{
    "ID": "10000101",
    "Community Area": "59",
    "FBI Code": "18",
    "District": "009",
    "Domestic": "false",
    "Case Number": "HY190020",
    "Block": "036XX S WOLCOTT AVE",
    "@timestamp": "2018-10-13T11:33:45.622Z",
    "Description": "POSS: CANNABIS 30GMS OR LESS",
    "Beat": "0912",
    "Location Description": "STREET",
    "Latitude": "41.828138428",
    "Ward": "11",
    "Date": "03/18/2015 10:09:00 PM",
    "Year": "2015",
    "Updated On": "02/10/2018 03:50:01 PM",
    "X Coordinate": "1164279",
    "Y Coordinate": "1880656",
    "Longitude": "-87.672782106",
    "Arrest": "true",
    "IUCR": "1811",
    "Primary Type": "NARCOTICS",
    "host": "ANUGGNLPTP0305",
    "Location": "(41.828138428, -87.672782106)"
}
```

이 형식은 더 읽기 쉽고, 집계 측면에서 다양한 가능성을 가지므로 일래스틱서치에서 선호된다. 이를 통해 문서의 사건 번호와 범죄 유형 같은 데이터에서 특정 정보를 얻을 수 있다. CSV 데이터를 가져오는 데 로그스태시를 사용해 CSV 값을 읽고 필드 이름으로 매핑한 후 일래스틱서치로 푸시한다.

이런 방식으로 다양한 유형의 데이터를 변환할 수 있다. 예를 들어 로그스태시를 사용해 로그 데이터와 같은 구조화되지 않은 데이터를 구조화된 데이터로 변환하고, 중앙 집중식 일래스틱서치 클러스터로 보낼 수 있다. 그다음 일래스틱서치 클러스터에서 키바나를 사용해 데이터를 시각화할 수 있다. 일래스틱 스택의 핵심 기능은 로그스태시나 비츠를 사용해 일래스틱서치에서 다양한 유형의 데이터를 수집하는 것이다. 키바나에는 데이터를 다루는 다양한 옵션이 있으며, 이러한 도구를 사용해 데이터를 세부적으로 가져오기 위한 의미 있는 방식으로 데이터를 제시할 수 있다.

모든 작업 애플리케이션에는 로그가 있지만, 대부분 흩어져 있다. 즉, 무언가를 검색하려면 로그를 찾아야 한다. 이러한 접근 방식은 반응적 접근 방식으로 알려져 있으며, 일부 정보를 가져오려면 로그를 자세히 살펴봐야 한다. 그러나 특정 도구를 통해 데이터를 구성하는 것이 더 좋다. 예를 들어 무엇이 일어나고, 어떻게 일어나고 있으며, 어떤 일이 일어나게 하는지를 간단한 방법으로 과거, 현재, 미래의 데이터를 알려줄 수 있다. 이런 질문은 매우 일반적인 질문으로, 다양한 출처에서 답을 얻을 수 있다. 정보를 결합해 얻을 수 있고, 모든 요인이 데이터를 던지고 문제에 대한 완전한 통찰력을 얻기 위해 검색할 수 있는 일관된 데이터 뷰를 제공하는 시스템을 고려해야 한다. 일래스틱 스택을 사용하면 이 모든 작업을 수행할 수 있는 시스템을 구축할 수 있다.

▌데이터 임포트

데이터를 일래스틱서치로 임포트할 수 있는 방법에는 서버에 설치해 데이터를 전송할 수 있는 비츠를 사용하거나 다른 소스에서 데이터를 가져와 중앙 일래스틱서치에 보낼 수 있는 로그스태시를 사용하는 등 여러 가지가 있다. 기본적으로 일래스틱 스택에는 데이터를 임포트하는 두 가지 기본 옵션인 비츠와 로그스태시가 있다. 여기서는 두 가지 옵션을 상세히 다루고 데이터를 임포트하도록 구성하는 방법을 알아본다.

비츠

비츠는 본질적으로 경량의 다목적 데이터 전달자로서 서버에 설치해 데이터를 읽고 일래스틱서치 서버나 로그스태시를 통해 직접 전송할 수 있다. 수행하는 작업 유형에 따라 여러 유형의 비츠가 있다.

- **파일비트**^{Filebeat}: 파일비트를 사용해 시스템 로그 파일, 애플리케이션 로그 파일, 서버에 있는 기타 파일 형식과 같은 파일 데이터를 읽을 수 있다.
- **메트릭비트**^{Metricbeat}: 메트릭비트가 설치된 서버에서 메트릭비트를 사용해 CPU 사용률, 메모리 사용, 디스크 이용과 같은 시스템 메트릭을 가져올 수 있다.
- **패킷비트**^{Packetbeat}: 서버 패킷 데이터를 읽는 데 패킷비트를 사용한다. 네트워크 패킷을 계속 읽고 일래스틱서치로 전달한다.
- **하트비트**^{Heatbeat}: 서비스가 작동 중인 경우 하트비트로 계속 모니터링할 수 있다. API가 작동하는지 확인하거나 특정 포트를 수신할 수 있도록 API 엔드포인트를 구성할 수 있다. 기본적으로 하트비트를 사용해 다양한 서비스, URL, 포트 등을 모니터링할 수 있다.
- **펑션비트**^{Functionbeat}: 펑션비트를 사용해 클라우드 서비스의 데이터를 모니

터링할 수 있으며, 클라우드 제공업체의 FaaS[Function-as-a-Service] 플랫폼에 기능으로 배치할 수 있다. 배치되면 데이터 수집이 시작되고 일래스틱서치로 전달된다.

- **윈로그비트**[Winlogbeat] : 윈로그비트를 사용해 윈도우 기반 인프라가 윈도우 이벤트 로그를 실시간 스트리밍할 때 윈도우 기반 인프라를 모니터링할 수 있다. 이벤트 로그는 일래스틱서치로 직접 보내거나 로그스태시를 통해 보낼 수 있다.

다음 다이어그램은 다른 비트로 데이터를 가져와 일래스틱서치로 보내는 과정을 보여준다.

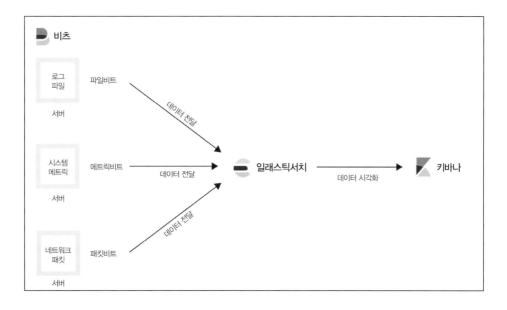

위의 다이어그램에서는 **파일비트**에서 **로그 파일**을 읽고, **메트릭비트**에서 **시스템 메트릭**을 읽고, **패킷비트**에서 **네트워크 패킷**을 읽는다. 데이터를 읽은 후 **키바나**가 데이터를 시각화하고자 일래스틱서치 서버로 전달한다.

데이터 임포트를 위한 파일비트 구성

파일비트를 사용해 애플리케이션 로그 파일, 시스템 로그 파일, 기타 파일 데이터에 관계없이 모든 파일 데이터를 읽을 수 있다. 서버에 설치하고 파일 데이터를 읽을 위치를 구성하기만 하면 되므로 매우 편리하다.

2장에서 파일비트를 설치하는 방법을 설명했다. 따라서 설치 후에는 원하는 위치에서 파일의 데이터를 읽을 수 있도록 파일비트를 구성해야 한다. 입력^{Input}과 수확기^{harvester}는 서로 다른 파일을 읽을 때 함께 작동하는 파일비트의 두 가지 주요 구성 요소다. 수확기는 개별 파일을 열고 닫고 읽는 데 사용되므로 읽을 총 파일 수를 계산한다. 입력은 기본적으로 수확기를 관리하고 데이터를 읽어야 하는 모든 위치를 찾는다.

먼저 파일비트를 구성하고자 filebeat.yml 파일을 편집해야 한다. 파일을 편집하려면 다음 명령을 사용해 파일을 연다.

```
sudo vim /etc/filebeat/filebeat.yml
```

이 명령을 사용해 파일비트의 구성 파일을 열 수 있다. 파일의 위치는 사용 중인 운영체제에 따라 다를 수 있다. 또한 파일비트 입력과 같이 구성의 여러 섹션이 있고 읽을 파일 이름으로 위치를 정의할 수 있다.

```
#============================ 파일비트 입력============================

filebeat.inputs:

# Each - is an input. Most options can be set at the input level, so
# you can use different inputs for various configurations.
# Below are the input specific configurations.

- type: log
```

```
# Change to true to enable this input configuration.
enabled: false

# Paths that should be crawled and fetched. Glob based paths.
paths:
  - /var/log/*.log
```

앞의 예에서 파일을 읽을 위치를 구성할 수 있다. 파일비트가 /var/log/ 위치에서 로그를 읽을 수 있도록 와일드카드(*)를 사용해 확장자가 .log인 모든 파일을 읽을 수 있게 /var/log/*.log를 이용할 수 있다.

그런 다음 출력 섹션을 구성하고 파일비트에서 수집한 로그 데이터를 일래스틱서치 서버로 보낼 수 있다.

다음은 구성 파일의 출력 섹션을 보여준다.

```
#============================== 출력==================================

# Configure what output to use when sending the data collected by the beat.

#-------------------------- 일래스틱서치 출력 ----------------------------
output.elasticsearch:
    # Array of hosts to connect to.
    hosts: ["localhost:9200"]

    # Optional protocol and basic auth credentials.
    #protocol: "https"
    #username: "elastic"
    #password: "changeme"

#-------------------------- 로그스태시 출력 -----------------------------
#output.logstash:
    # The Logstash hosts
    #hosts: ["localhost:5044"]
```

```
# Optional SSL. By default is off.
# List of root certificates for HTTPS server verifications
#ssl.certificate_authorities: ["/etc/pki/root/ca.pem"]

# Certificate for SSL client authentication
#ssl.certificate: "/etc/pki/client/cert.pem"

# Client Certificate Key
#ssl.key: "/etc/pki/client/cert.key"
```

출력 섹션에는 일래스틱서치 출력과 로그스태시 출력의 두 가지 옵션이 있다. 즉, 데이터를 일래스틱서치로 직접 보내거나 로그스태시를 통해 보낼 수 있다. 일래스틱 클라우드 서비스를 사용하는 경우 구성 파일의 일래스틱 클라우드 섹션에서 cloud.id를 제공할 수 있다.

```
cloud.id:
"staging:dXMtZWFzdC0xLmF3cy5mb3VuZC5pbyRjZWM2ZjI2MWE3NGJmMjRjZTMzYmI4ODExYj
g0Aeq0ZeRjNmMyY1E2ZDA0MjI0OWFmMGNjN2Q3YTllOTYyNTc0Mw=="
```

파일비트에 샘플 키바나 대시보드를 사용할 수 있다. 이를 위해 키바나 엔드포인트를 다음과 같이 설정해야 한다.

```
setup.kibana:
    host: "kibanahost:5601"
```

파일비트 모듈을 사용해 엔진엑스, 아파치, MySQL과 같은 일반적인 로그 형식으로 작업할 수 있다. 모듈을 활성화하면 파일비트가 해당 모듈에 대해 모든 가능한 데이터를 처리할 수 있다. 파일비트를 사용해 아파치를 모니터링하고 싶은 경우 파일비트 모듈을 사용해 아파치를 활성화하면 아파치의 접근 파일과 오류 파일을 읽고 시간 프레임에서 발생한 상황을 쉽게 알 수 있는 데이터를 결합한다. 파일비트 모듈을 나열, 활성화하거나 비활성화할 수 있고, 필요에 따라 수정할 수 있도록 각 모듈마다 별도의 구성 파일이 있다.

파일비트를 사용해 로그 파일 읽기

/var/log 위치에서 모든 로그 파일 데이터를 읽으려고 한다면 filebeat.yml 파일의 입력 섹션에서 다음 명령을 활성화해야 한다.

```
paths:
  - /var/log/*.log
```

이 패턴은 /var/log/ 디렉터리에서 .log 확장자로 끝나는 모든 파일을 읽을 수 있게 한다. 입력 블록을 구성한 후 로그 섹션을 로그스태시나 일래스틱서치로 보내도록 출력 섹션을 구성해야 한다. 여기서는 로그를 일래스틱서치 서버로 직접 보내도록 구성하고 있으며, 이를 위해서는 다음 표현식을 사용해 일래스틱서치 출력 섹션을 구성해야 한다.

```
output.elasticsearch:
  # Array of hosts to connect to.
  hosts: ["localhost:9200"]
```

filebeat.yml 파일을 수정한 후 파일비트 서비스를 시작해 로그 데이터 가져오기를 시작할 수 있다. 제대로 작동하는지 확인하고자 일래스틱서치에 인덱스를 나열하고 다음 명령을 사용해 파일비트로 시작하는 인덱스가 있는지 확인할 수 있다.

```
curl -XGET http://localhost:9200/_cat/indices
```

일래스틱서치 인덱스 목록에 파일비트 인덱스가 있으면 구성이 제대로 작동하는 것이다. 그렇지 않으면 서비스가 제대로 작동하는지 확인하거나 파일비트 로그 파일을 확인해 문제를 시도하고 이해할 수 있다. 파일비트는 다음 형식으로 로그 파일을 저장한다.

```
{
    "_index": "filebeat-7.0.0-2019.04.12-000001",
    "_type": "_doc",
    "_id": "PXReV2kBk7_BaA5ItrH1",
    "_version": 1,
    "_score": null,
    "_source": {
        "agent": {
            "hostname": "ANUGGNLPTP0305",
            "id": "83179236-86ac-4116-bdea-64b770a8bd49",
            "type": "filebeat",
            "ephemeral_id": "8bdda5da-8902-4dc7-a7a3-39546c7092ec",
            "version": "7.0.0"
        },
        "log": {
            "file": {
                "path": "/var/log/apache2/access.log.1"
            },
            "offset": 2468
        },
        "source": {
            "address": "127.0.0.1",
            "ip": "127.0.0.1"
        },
        "fileset": {
            "name": "access"
        },
        "url": {
            "original":
```

"/test/admin.php?server=125.16.240.217&username=liveuser&db=msehat&script=kill"
        },
        "input": {
            "type": "log"
        },
        "apache": {
            "access": {}
        },
        "@timestamp": "2019-02-14T07:12:27.000Z",
        "ecs": {
            "version": "1.0.0-beta2"
        },
        "service": {
            "type": "apache"
        },
        "host": {
            "hostname": "ANUGGNLPTP0305",
            "os": {
                "kernel": "4.15.0-45-generic",
                "codename": "bionic",
                "name": "Ubuntu",
                "family": "debian",
                "version": "18.04.2 LTS (Bionic Beaver)",
                "platform": "ubuntu"
            },
            "containerized": false,
            "name": "ANUGGNLPTP0305",
            "id": "3981136c89ec40e496c3b850831321fe",
            "architecture": "x86_64"
        },
        "http": {
            "request": {
                "referrer":
"http://localhost/test/admin.php?server=125.16.240.217&username=liveuse

```
r&amp;db=msehat&amp;select=families",
            "method": "POST"
        },
        "response": {
            "status_code": 200,
            "body": {
                "bytes": 209
            }
        },
        "version": "1.1"
    },
    "user_agent": {
"original": "Mozilla/5.0 (X11; Ubuntu; Linux x86_64; rv:64.0) Gecko/20100101
Firefox/64.0",
        "os": {
            "name": "Ubuntu"
        },
        "name": "Firefox",
        "device": {
            "name": "Other"
        },
        "version": "64.0"
    }
},
"fields": {
    "suricata.eve.timestamp": [
        "2019-02-14T07:12:27.000Z"
    ],
    "@timestamp": [
        "2019-02-14T07:12:27.000Z"
    ],
    "event.created": [
        "2019-03-07T08:56:56.215Z"
    ]
}
```

```
    }
```

이러한 방식으로 파일비트를 사용해 일래스틱서치에서 로그 파일 데이터를 가져올 수 있다. 또한 비정형 로그 데이터를 구조적 데이터로 변환한다. 마찬가지로 데이터 가져오기를 시작하도록 메트릭비트나 패킷비트를 구성할 수 있다. CPU 사용량과 메모리 같은 시스템 메트릭을 얻으려면 메트릭비트를 구성해야 한다. 반면 패킷비트는 서버에서 패킷 세부 정보를 읽는 데 사용된다. 지금까지 로그 데이터를 읽도록 파일비트를 설치하고 구성하는 방법을 살펴봤다. 이제 CSV 파일, 몽고DB, MySQL과 같은 다른 유형의 데이터를 읽도록 로그스태시를 구성하는 방법을 설명한다.

로그스태시

로그스태시는 로그스태시의 입력 플러그인을 통해 로그, CSV 파일, 데이터베이스, 카프카^{Kafka} 또는 일래스틱서치와 같은 다른 소스에서 데이터를 수집하는 데 사용할 수 있는 서버 측 데이터 처리 파이프라인이다. 데이터를 수집한 후 로그스태시의 필터 플러그인을 사용해 데이터를 변환할 수 있다. 그런 다음 출력 플러그인을 사용해 일래스틱서치나 파일과 같은 다른 소스로 데이터를 보낼 수 있다. 입력, 필터, 출력 플러그인을 사용하면 다른 소스에서 데이터를 읽고 변환해 다른 소스로 보낼 수 있다. 또한 로그스태시는 오픈소스 데이터 처리 파이프라인이므로 자유롭게 사용할 수 있다.

여기서는 CSV, MySQL, 몽고DB에서 일래스틱서치로 데이터를 가져오는 방법을 설명한다.

로그스태시를 사용해 CSV 데이터 읽기

이번 절에서는 Data.gov 웹 사이트(https://catalog.data.gov/dataset/most-popular-babynames-by-sex-and-mothers-ethnic-group-new-york-city-8c742)에서 가져온 Popular Baby Names 데이터 세트를 예로 사용한다. 이 데이터 세트는 공개 데이터이므로 자유롭게 다운로드해 사용할 수 있다. 우선 데이터 형식에는 생년월일, 성별, 인종, 자녀의 이름, 자녀수, 순위가 포함된다. 다음은 실제 CSV 데이터의 정보다.

Year of Birth	Gender	Ethnicity	Child's First Name
Count	Rank		
2016		FEMALE	ASIAN AND PACIFIC ISLANDER	Olivia
172	1		
2016		FEMALE	ASIAN AND PACIFIC ISLANDER	Chloe
112	2		
2016		FEMALE	ASIAN AND PACIFIC ISLANDER	Sophia
104	3		
2016		FEMALE	ASIAN AND PACIFIC ISLANDER	Emily
99	4		
2016		FEMALE	ASIAN AND PACIFIC ISLANDER	Emma
99	4		

이 데이터 세트에는 Data.gov 웹 사이트에서 Popular Baby Names로 다운로드한 CSV 데이터의 처음 다섯줄만 표시되지만 실제 파일(Popular_Baby_Names.csv)에는 11,345개의 레코드가 포함돼 있다. 이제 이 CSV 파일을 읽고 데이터를 가져와 일래스틱서치로 보내도록 로그스태시를 구성한다. 로그스태시 구성 파일은 Downloads 디렉터리에 저장되며, 로그스태시에서 CSV 데이터를 읽는다. 모든 유형의 데이터를 읽으려면 로그스태시의 입력 플러그인을 구성해야 한다. 입력 데이터를 변환하려면 필터 플러그인을 구성하고, 데이터를 출력하려면 다음과 같이 출력 플러그인을 구성해야 한다.

110

1. CSV를 읽으려면 다음과 같이 로그스태시 구성 파일 popular_baby.conf를
   작성한다.

```
input {
    file {
        path => "/home/user/Downloads/Popular_Baby_Names.csv"
        start_position => beginning
    }
}
filter {
    csv {
        columns => [
            "Year of Birth",
            "Gender",
            "Ethnicity",
            "Child's First Name",
            "Count",
            "Rank"
        ]
        separator => ","
    }
}
output {
    stdout
    {
        codec => rubydebug
    }
    elasticsearch {
        action => "index"
        hosts => ["127.0.0.1:9200"]
        index => "Popular_Baby_Names"
    }
}
```

앞의 필터 옵션에서는 매핑할 열 이름을 제공했으며, 이 경우 필드와 매핑할 이름을 제공할 수 있다. CSV에서 필드 이름을 자동 감지하려면 필터에 다음 표현식을 작성한다.

```
filter {
  csv {
    autodetect_column_names => true
  }
}
```

2. 구성 파일이 생성되면 파일을 실행해 CSV를 가져오고 데이터를 일래스틱 서치에 푸시할 수 있다.

3. 로그스태시 구성 파일을 실행하려면 로그스태시 내부로 이동해야 한다. 홈 디렉터리를 찾은 후 다음 명령을 실행한다.

```
bin/logstash -f /etc/logstash/conf.d/popular_baby.conf
```

4. 앞의 명령을 실행한 후에 다음과 같은 성공 메시지를 확인할 수 있다.

```
[Api Webserver] agent - Successfully started Logstash API endpoint
{:port=>9600}
```

그런 다음 로그스태시는 CSV 데이터를 한 줄씩 가져오기 시작하고 CSV 모듈의 필터 플러그인에 지정된 열 이름을 매핑한다. 또한 output 데이터를 형식화하고자 rubydebug codec을 사용해 터미널에서 출력을 볼 수 있도록 표준 출력을 구성한다. 이 과정을 완료하면 화면에서 다음과 같은 결과를 확인할 수 있다.

```
{
               "@timestamp" => 2019-04-13T12:58:22.673Z,
                  "Gender" => "MALE",
           "Year of Birth" => "2011",
                "@version" => "1",
               "Ethnicity" => "WHITE NON HISPANIC",
      "Child's First Name" => "PARKER",
                   "Count" => "16",
                    "Rank" => "91",
                    "path" => "/home/user/Downloads/Popular_Baby_Names.csv",
                    "host" => "ANUGGNLPTP0305",
                 "message" => "2011,MALE,WHITE NON HISPANIC,PARKER,16,91"
}
```

이를 통해 CSV 데이터를 올바르게 매핑하고 동일한 형식의 JSON도 일래 스틱서치로 푸시한다.

5. 인덱스가 생성되는지를 검증하고자 다음과 같은 명령을 실행한다.

```
curl -XGET http://localhost:9200/_cat/indices
```

여기에는 popular-baby-names 인덱스를 검색할 수 있는 일래스틱서치에 서 사용 가능한 모든 인덱스가 나열된다.

6. 인덱스를 찾았으면 다음 명령을 사용해 인덱스에 해당하는 문서를 볼 수 있다.

```
curl -XGET http://localhost:9200/popular-baby-nam
```

여기에는 popular-baby-names 인덱스 내부의 문서가 나열된다. 인덱스 안 에 단일 문서를 표시하는 다음 예제를 살펴보자.

```
{
    "_index" : "popular-baby-names",
    "_type" : "_doc",
    "_id" : "RjXGFmoB75utKkMR3eUI",
    "_score" : 1.0,
    "_source" : {
        "@timestamp" : "2019-04-13T12:58:10.693Z",
        "Gender" : "FEMALE",
        "Year of Birth" : "2014",
        "@version" : "1",
        "Ethnicity" : "WHITE NON HISPANIC",
        "Child's First Name" : "Dylan",
        "Count" : "33",
        "Rank" : "63",
        "path" : "/home/user/Downloads/Popular_Baby_Names.csv",
        "host" : "ANUGGNLPTP0305",
        "message" : "2014,FEMALE,WHITE NON HISPANIC,Dylan,33,63"
    }
}
```

이런 방식으로 CSV 파일의 데이터를 일래스틱서치로 임포트할 수 있다. 이를 통해 스프레드시트에서 데이터를 열고 필터를 적용하거나 원하는 결과를 얻을 수 있다.

스프레드시트 애플리케이션에는 특정 제한 사항이 있으며, 일래스틱 스택에서 쉽게 수행할 수 있는 많은 작업을 스프레드시트에서 수행할 수는 없다. 데이터가 일래스틱서치에 있으면 집계를 적용하고 키바나에서 다양한 유형의 시각화를 만들고 머신러닝을 적용할 수 있다.

로그스태시를 사용해 몽고DB 데이터 읽기

로그스태시를 사용해 몽고DB 데이터를 읽으려면 logstash-input-mongodb 플러그인이 필요하다. 기본적으로 로그스태시와 함께 제공되지 않으므로 다음과 같이 설치해야 한다.

1. 로그스태시 홈 디렉터리에서 다음 명령을 실행한다.

```
bin/logstash-plugin install logstash-input-mongodb
```

앞의 명령을 실행하려면 루트 사용자로 전환해야 한다. 그렇지 않으면 권한 오류가 발생한다. 명령이 성공적으로 실행되면 다음과 같은 응답을 확인할 수 있다.

```
Validating logstash-input-mongodb
Installing logstash-input-mongodb
Installation successful
```

2. logstash-input-mongodb 플러그인이 설치돼 있다면 로그스태시 구성 파일을 생성해 몽고DB 데이터를 일래스틱서치로 읽을 수 있다. 그러나 이를 수행하기 전에 몽고DB 서버가 실행 중인지, 연결할 수 있는지, 로그스태시를 사용해 가져오려는 데이터가 있는지 확인해야 한다.

3. 이를 확인한 후 몽고DB 데이터를 읽을 수 있도록 로그스태시 구성 파일인 blogs.conf를 작성할 수 있다.

```
input {
    uri => 'mongodb://username:password@mongodb_host:27017'
    placeholder_db_dir => '/opt/logstash-mongodb/'
    placeholder_db_name => 'logstash_sqlite.db'
```

```
        collection => 'blogs'
        batch_size => 5000
    }
    filter {
    }
    output {
        stdout {
            codec => rubydebug
        }
        elasticsearch {
            action => "index"
            index => "blogs_data"
            hosts => ["localhost:9200"]
        }
    }
```

위 표현식의 입력 섹션에서 몽고DB 서버에 대한 uri를 제공한다. 여기에서 사용자 이름, 비밀번호, 몽고DB 호스트가 있는 연결 문자열을 포트로 전달한다. placeholder_db_dir은 데이터베이스의 위치를 정의하고, placeholder_db_name은 SQLite 데이터베이스의 이름을 정의한다. collection은 데이터베이스에서 선택할 몽고DB 컬렉션을 로그스태시에 알려준다.

4. 마지막으로 batch_size는 배치[batch]의 레코드 수를 제한하는 데 사용된다. 어느 데이터도 필터링하지 않기 때문에 이 섹션을 비워둬야 한다.

5. output에서 터미널의 출력값을 확인하고자 stdout을 설정한다. 데이터를 일래스틱서치로 푸시하는 터미널과 elasticsearch 데이터가 일래스틱서치로 푸시되면 CSV 데이터와 동일한 방식으로 볼 수 있다.

로그스태시를 사용해 MySQL 데이터 읽기

input JDBC 플러그인을 사용해 로그스태시를 통해 MySQL 데이터베이스에서 일래스틱서치로 데이터를 가져올 수 있다. 이 플러그인을 사용하면 JDBC 연결을 지원하는 다른 데이터 소스에서 데이터를 가져올 수 있다. 다음으로 쿼리를 통해 여러 테이블에서 데이터를 조인해 데이터를 가져오려고 한다.

여기서는 마지막 값을 보유할 수 있는 추적 열을 표시해 점진적으로 데이터를 가져온다. MySQL 테이블에서 새 데이터를 사용할 수 있을 때마다 마지막 값부터 시작해 증가하는 값을 가져오고 추적 열을 최신 값으로 다시 설정한다.

다른 블로그 데이터를 저장하는 블로그 데이터베이스를 예로 설명하면 모든 종류의 값을 가진 데이터베이스를 가질 수 있다. 이제 다음 쿼리를 사용해 조인하려는 세 개의 서로 다른 테이블에 데이터를 갖는다.

```
"SELECT blg.*, concat(au.first_name, ' ',au.last_name) as name,au.email as
email, cc.category_name, cc.category_image FROM `blog_blogs` as blg left
join auth_user as au on au.id = blg.author_id left join category_category
as cc on cc.id = blg.category_id order by blg.create_date"
```

이 쿼리는 blog_blogs, auth_user, category_category 테이블에서 데이터를 가져온다. 기본 블로그 테이블에서 모든 블로그를 가져오고, 사용자 테이블에서 사용자의 이름, 성, 이메일 등을 가져온다. 카테고리 테이블에서 카테고리 이름과 카테고리 이미지를 가져온다.

이제 데이터베이스에서 어떤 데이터를 가져올 것인지 알고 있다. 하지만 데이터 크기와 리소스 사용률이 증가하기 때문에 모든 데이터를 가져오고 싶지는 않다. 하고 싶은 또 다른 일은 데이터베이스에 새로운 데이터가 있을 때마다 데이터를 반복해서 가져올 필요가 없도록 이 프로세스를 지속적으로 증가시키는 것이다. 따라서 input JDBC 플러그인을 사용해 이를 달성하는 방법을 고려할 필요가 있다.

여기서 쿼리는 모든 레코드를 한 번에 선택하므로 매우 간단하다. 다음과 같이 쿼리를 수정하자.

```
"SELECT blg.*, concat(au.first_name, ' ',au.last_name) as name,au.email as
email, cc.category_name, cc.category_image FROM `blog_blogs` as blg left
join auth_user as au on au.id = blg.author_id left join category_category
as cc on cc.id = blg.category_id where blg.id > 10 order by blg.create_date"
```

여기에는 마지막 삽입된 ID를 사용해 확인할 수 있는 열 ID가 있고, 이 쿼리는 항상 데이터베이스에서 가장 최근의 레코드를 가져올 수 있다. 문제는 해결했지만 이제 마지막으로 가져온 ID를 보유하는 방법을 파악해야 한다. 중단 후 쿼리가 실행될 때마다 마지막으로 가져온 ID부터 계속할 수 있다. 이 문제를 해결하고자 tracking_column 옵션을 사용해 변경 내용 추적을 시작하도록 필드를 설정한다. 로그스태시는 이 필드의 값을 홈 디렉터리의 .logstash_jdbc_last_run 파일에 저장한다. 이제 로그스태시 구성 파일인 blog_data.conf를 작성하고 이 파일에 모든 플러그인을 배치한다.

```
# 파일: blog_data.conf
input {
   jdbc {
      # jdbc 드라이버 라이브러리의 경로
      jdbc_driver_library => "/usr/share/logstash/mysql-connectorjava-
5.1.23-bin.jar"
      jdbc_driver_class => "com.mysql.jdbc.Driver"
      # 데이터베이스에 대한 mysql jdbc 연결 문자열
      jdbc_connection_string =>"jdbc:mysql://db-
host:3306/db_name?zeroDateTimeBehavior=convertToNull"
      # MySQL 데이터베이스의 사용자명과 비밀번호
      jdbc_user => "username"
      jdbc_password => "password"
```

```
      # 쿼리 스케줄을 구동하기 위한 스케줄 => "* * * * *"
      # 블로그 세부 정보 문장을 가져오기 위한 세 개의 테이블들을
      조인하는 쿼리 => "SELECT blg.*, concat(au.first_name, ' ',au.last_name)
as name,au.email as email, cc.category_name, cc.category_image  FROM
`blog_blogs` as blg left join auth_user as au on au.id = blg.author_id left
join category_category as cc on cc.id = blg.category_id where blg.id >
:sql_last_value order by blg.create_date"
      use_column_value => true
      # Logstash를 통해 값을 보유하는 추적 열
      tracking_column => id
      tracking_column_type => "numeric"
    }
  }
}
output {
  elasticsearch {
    hosts => "http://127.0.0.1:9200"
    index => "blog_data"
    document_type => "blogs"
  }
}
```

앞의 로그스태시 구성 파일에는 input 플러그인에 JDBC 모듈이 있어 연결을 작성하고 쿼리를 실행하며, 추적 열의 값을 보유하고 스케줄러를 실행한다. input 섹션에서 schedule 매개변수를 사용해 스케줄러를 구성하는데, 별(*) 5개가 있는 cron 리눅스 항목과 매우 유사하다.

```
"* * * * * " => if we want to run every second
"35 4 * * *" => runs as 4:35 AM
"15 23 * * *" => runs at 11:15 PM
```

output 플러그인 섹션에서 가져온 데이터를 일래스틱서치로 푸시한다. 이러한 방식으로 모든 쿼리를 실행해 데이터를 가져와 일래스틱서치 서버로 푸시할 수 있다. blog_data.conf 파일을 작성한 후 다음 명령을 사용해 구성 파일을 실행할 수 있다.

```
/usr/share/logstash/bin/logstash -f /etc/logstash/conf.d/blog.conf
```

로그스태시 구성 인스턴스를 이미 실행 중인 경우 쿼리에 --path.data 매개변수를 추가해 다른 인스턴스를 실행할 수 있다. 매개변수의 경우 경로를 설정할 수 있고 새로운 파이프라인에 대해 이 값을 새 파일 위치로 변경할 수 있다.

```
/usr/share/logstash/bin/logstash -f /etc/logstash/conf.d/blog.conf --
path.data=/tmp/bq
```

이런 방식으로 MySQL 데이터를 가져와 일래스틱서치로 푸시하는 로그스태시 구성을 만들 수 있다.

▌ 인덱스 패턴 생성

앞의 방법 중 하나를 사용해 데이터를 일래스틱서치로 푸시^{push}할 수 있다. 그러나 데이터를 분석하거나 키바나에서 시각화하려면 키바나에서 인덱스 패턴을 작성해야 한다. 이번 절에서는 로그스태시를 사용해 CSV 파일에 접근해 생성한 일래스틱서치의 popular-baby-names 인덱스에 대한 인덱스 패턴을 만들어본다. 키바나에서 인덱스 패턴을 작성하려면 다음의 단계를 따라 한다.

1. 왼쪽 메뉴에서 관리 링크를 클릭하면 관리 페이지가 열린다. 왼쪽에는 일래스틱서치와 키바나 옵션이 있다. 다음 화면은 키바나 아래의 인덱스 패턴 링크와 함께 관리 옵션을 보여준다.

2. 키바나 목록 아래에서 Index Patterns 옵션을 클릭해야 한다. 그러면 Create index pattern^{인덱스 패턴 생성} 버튼이 있는 페이지가 열리고, 버튼을 클릭하면 다음 페이지가 열린다.

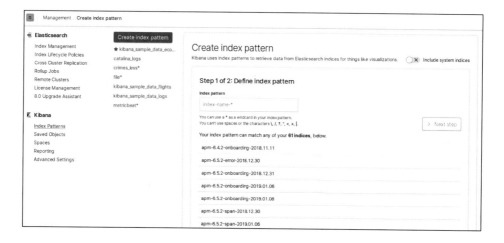

3. 이제 일래스틱서치 인덱스 이름을 index pattern^{인덱스 패턴} 텍스트 상자에 추가해야 한다. 성공하면 다음 화면처럼 성공 메시지가 표시된다.

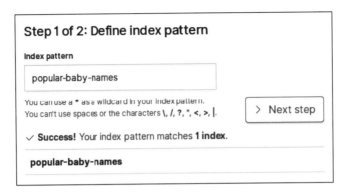

4. Next step 버튼을 클릭하면 Time Filter field name^{시간 필터 필드 이름}을 선택할 수 있는 화면이 열린다. 다음 화면은 시간 필터 선택 페이지를 보여준다.

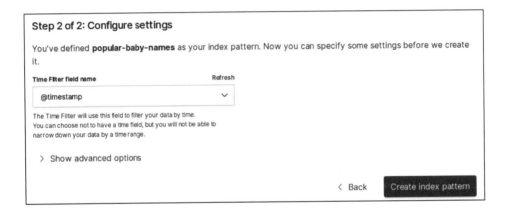

5. 시간 필터 필드 이름을 선택한 후 Create index pattern 버튼을 클릭해 일래스틱서치 인덱스로 인덱스 패턴을 생성한다. 그러면 다음 화면이 열린다.

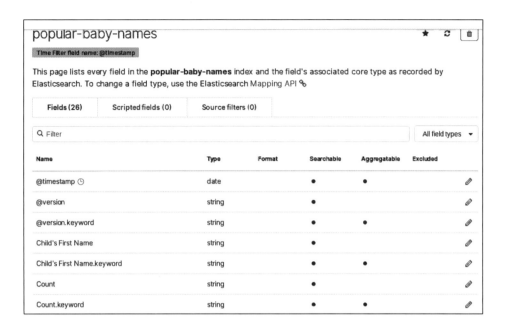

6. 위의 화면에서 인덱스 패턴이 필드 이름 목록과 각각을 편집하는 옵션으로 생성된 것을 볼 수 있다. 위의 세 가지 옵션을 사용해 이 인덱스 패턴을 기본값으로 설정하거나, 새로 고치거나, 삭제할 수 있다.

이런 방식으로 일래스틱서치 인덱스에 대한 인덱스 패턴을 만들 수 있다. 비트 인덱스의 경우 날짜를 사용해 일별 인덱스를 생성하므로 와일드카드(*)를 사용해 가능한 모든 인덱스 이름의 패턴을 일치시킬 수 있다. 인덱스 패턴이 생성되면 키바나의 일래스틱서치 인덱스 데이터를 사용해 분석하고 시각화할 수 있다.

▌요약

3장에서는 키바나를 사용한 비즈니스 분석의 다양한 측면을 다뤘다. 데이터 모델링을 소개하고 비츠와 로그스태시를 사용해 데이터를 가져오는 방법을 설명했다. 비츠에서는 파일비트, 메트릭비트, 패킷비트, 하트비트, 평션비트, 윈로그비트와 같은 다양한 유형의 비트를 다뤘다. 그런 다음 다른 로그 파일에서 데이터를 가져오도록 파일비트를 구성하는 방법을 배우고, 파일비트를 사용해 로그 파일을 읽는 실질적인 접근 방식을 정리했다. 다음으로 로그스태시의 기본 소개와 몇 가지 다른 사용 사례를 비롯해 로그스태시를 살펴봤다. 로그스태시를 사용해 CSV 데이터를 읽는 방법, 로그스태시를 사용해 몽고DB 수집 데이터를 일래스틱서치로 가져오는 방법, MySQL 데이터를 가져와 로그스태시를 사용해 일래스틱서치에 보내는 방법을 알아봤다. 마지막으로 키바나에서 일래스틱서치 데이터를 사용할 수 있도록 키바나에서 인덱스 패턴을 만들었다. 4장에서는 데이터 시각화와 대시보드 생성을 알아본다.

## 04

키바나를 사용한 데이터 시각화

4장에서는 데이터 시각화를 다루고 데이터를 사용해 대시보드를 만드는 방법을 알아본다. 키바나의 소개, 설치, 데이터 수집에 대해 다루므로 이 책에서 중요한 장이지만, 이제 다양한 형태의 키바나 시각화로 데이터를 시각적으로 표현한 다음 이를 통합해 의미 있는 내용을 작성한다. 파이 차트, 막대 차트, 영역 차트, 태그 클라우드, 데이터 테이블, 데이터 맵 표현, 히트맵 등을 작성하는 방법을 알아본다. 기본적으로 키바나 시각화를 사용해 많은 것을 모니터링할 수 있으며, 여기에서는 메트릭비트 데이터를 사용해 모니터링할 수 있는 시스템 메트릭의 예를 볼 수 있다. 같은 방식으로 네트워크 패킷, 파일 데이터, 애플리케이션 데이터를 모니터링할 수 있다.

4장에서 다루는 내용은 다음과 같다.

- 키바나에서 시각화 생성
- 영역, 꺾은 선형, 막대형 차트 생성
- 시각화 수정, 정렬, 임베딩
- 다른 시각화를 추가해 대시보드 생성
- 웹 페이지에 시각화와 대시보드 임베딩
- 대시보드에서 보고서 생성

▌ 키바나에서 시각화 작성

키바나에서 시각화를 작성할 경우 다양한 옵션을 선택할 수 있고 이 옵션은 요구 사항 유형에 따라 다르다. 예를 들어 전체 세트에 각 항목의 구성과 같은 데이터 구성을 표시하려는 경우 파이 차트를 사용할 수 있다. 가로 막대형 차트나 꺾은 선형 차트를 사용해 데이터가 어떻게 분포됐는지를 이해하기 위한 데이터 분포도를 보여줄 수도 있다.

또한 누적 막대형 차트를 만들어 여러 항목의 분포와 항목의 개별 구성 요소를 확인할 수 있다. 키바나 태그 클라우드를 사용해 다양한 단어로 시각화를 생성해 대시보드에서 쉽게 필터링할 수 있다. 이러한 방식으로 요구 사항에 따라 다양한 유형의 시각화를 만들 수 있다. 다음 화면은 키바나의 다양한 시각화 옵션을 보여 준다.

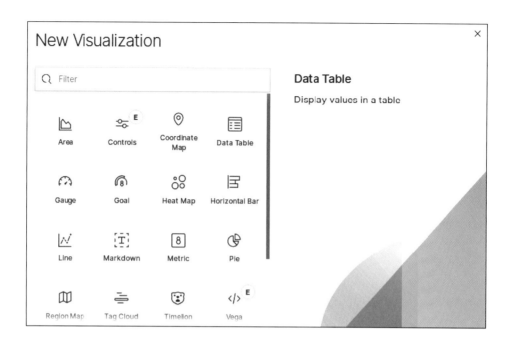

위의 화면에서 영역, 컨트롤, 히트맵, 파이, 라인, 데이터 테이블, 메트릭 등과 같은
다양한 유형의 시각화를 볼 수 있다. 이제 키바나 비주얼라이즈 옵션으로 이동해
다른 시각화를 만드는 방법을 살펴보자.

시각화할 데이터 식별

데이터 시각화를 위해 메트릭비트를 실행할 때 메트릭비트 인덱스 패턴에서 데이
터를 선택하고 지표 데이터를 일래스틱서치로 푸시한다. 메트릭비트 데이터를
사용해 영역 유형 시각화를 만들 수 있음을 확인했다. 이제 시각화를 만들기 전에
시각화에 사용할 필드를 식별해야 한다. 그러나 그 전에 메트릭비트 데이터를 받
고 있는 다른 모든 필드가 무엇인지 알아야 한다. 이를 위해 키바나 디스커버^{Discover}
에서 메트릭비트 인덱스 패턴을 확인해야 한다.

다음 링크에서 키바나 디스커버 아래의 메트릭비트 데이터를 보여주는 화면을 확인할 수 있다.

https://github.com/PacktPublishing/LearningKibana-7-Second-Edition/tree/master/Images

여기에서 다른 필드를 이용해 시각화를 만드는 데 사용해야 하는 필드 이름을 식별할 수 있다.

위 링크의 화면에서는 metricbeat * 인덱스 패턴을 생성한 후 메트릭비트 데이터를 보여준다. 여기에서 특정 필드를 검색, 필터링, 선택해 데이터를 탐색할 수 있다.

 3장에서 인덱스 패턴 작성 방법을 설명했다.

다음 절에서는 메트릭비트 데이터를 사용해 다른 시각화를 만들어본다.

영역 차트, 꺾은 선형 차트, 막대 차트 생성

먼저 영역 차트 시각화를 만들어보자. 영역 차트는 기본적으로 축과 선 사이의 영역에 다른 색이나 질감을 보여주는 차트 유형이다. 메트릭비트를 통해 오는 여러 메트릭비트 이름의 수를 알고 싶은 경우를 생각해보자.

영역 차트를 만들려면 다음 단계를 따라 한다.

1. 왼쪽 메뉴에서 Visualize 옵션을 클릭하면 Visualize 페이지가 열린다.
2. 이 페이지에서 더하기 아이콘을 클릭해 새로운 시각화를 만든다.
3. New Visualization 팝업에서 Area, Line, Bar 옵션 중 하나를 클릭해 원하는 차트 유형을 만든다. 여기에서는 영역 차트area chart를 선택하고 있다.

4. 그러면 페이지가 열리고 데이터 옵션을 선택할 수 있다. From a New Search, Select Index와 OR, From a Saved Search 두 가지 옵션이 있다. 첫 번째 옵션을 사용하면 새 인덱스를 선택할 수 있고 두 번째 옵션을 사용하면 저장된 검색을 선택할 수 있으며, 키바나의 Discover 페이지를 사용해 만들 수 있다. 다음 화면은 데이터 선택 페이지를 보여준다.

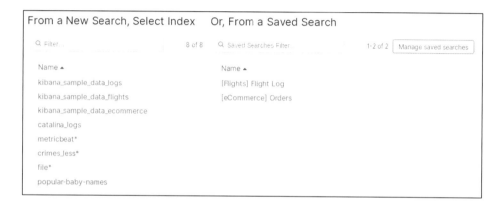

5. 앞 페이지에서 메트릭비트 데이터를 사용해 영역 차트를 만들면서 인덱스 패턴 metricbeat *를 선택한다. 이를 위해 From a New Search, Select Index 에서 metricbeat * 링크를 클릭한다. 그러면 다음 화면을 확인할 수 있다.

6. 다른 메트릭 세트 이름의 Count를 보려면 메트릭 아래에서 Y축에 대한 Aggregation 드롭다운을 설정한다. Y축에 따라 Custom Label을 설정할 수 있으므로 여기에서 Total count로 변경한다.

7. Buckets 아래의 X-Axis 아래 Aggregation 드롭다운에 대한 Terms를 선택한다.

8. 그런 다음 Field 드롭다운에서 metricset.name 옵션을 선택한다.

9. Order By 드롭다운에서 정렬할 필드 이름을 선택할 수 있다. 여기서는 Y축에 사용한 Total count 측정 항목을 선택한다.

10. Order 드롭다운에서 Descending이나 Ascending을 선택할 수 있다.

11. 이제 차트에 표시할 크기를 선택할 수 있다. 상위 10개의 Metricset 이름을 표시하고자 10으로 변경했다.

12. Apply changes 버튼을 클릭해 시각화를 표시한다. 다음 화면과 같이 시각화가 생성된다.

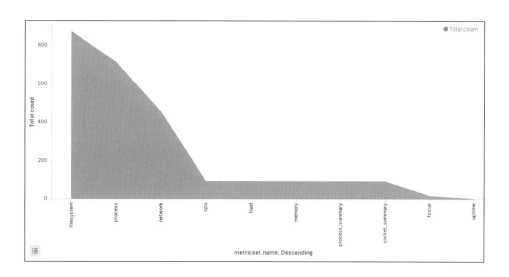

13. 영역 차트를 만든 후 Metrics & Axes 패널을 클릭하고 Metrics 옵션에서 Chart Type 드롭다운을 선택해 차트 유형을 선형 차트나 막대형 차트로 변경할 수 있다. 다음 화면은 막대형 차트로 변경된 동일한 차트를 보여준다.

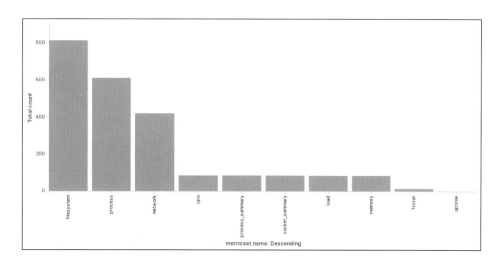

이런 방식으로 영역 차트, 꺾은 선형 차트, 막대형 차트를 만들어 서로 다른 메트릭 세트 이름의 수를 표시할 수 있다. 시각화가 생성되면 페이지 왼쪽 상단의 Save

링크를 클릭해 시각화를 저장할 수 있다. 팝업 메뉴가 열리고 Title을 입력한 다음 Confirm Save 버튼을 클릭한다.

파이 차트 생성

파이 차트를 사용하면 각 항목의 구성을 전체 세트로 표시할 수 있다. 총 100개의 품목이 있다면 100개의 품목 중 각 품목 유형의 비율은 얼마일까? 여기서는 동일한 예제를 사용해 시각화를 만든다. 파이 차트를 만들려면 다음을 수행해야 한다.

1. 시각화 타입 페이지에서 Pie 옵션을 선택하면 데이터 선택 페이지를 열 수 있다.
2. 차트에 다른 메트릭 세트[metricsets]의 이름을 보기 위해 metricbeat* 인덱스 패턴을 선택하면 pie chart 시각화 화면을 열 수 있다.
3. Y축 아래의 Aggregation 아래 Count를 선택하고 Custom Label을 Total requests로 변환한다.
4. Buckets 아래 Split slices를 클릭하고 Aggregation 아래의 Terms를 선택한 후 Field 옵션 아래의 metricset.name을 선택한다.
5. Order by를 설정하고 요구 사항에 따라 Size를 설정한다.
6. Custom label 아래에 Metricset name과 같은 관련된 항목을 설정한다.
7. 다음과 같은 그림에서 이러한 변화들을 적용하기 위한 Apply Changes 버튼을 클릭한다.

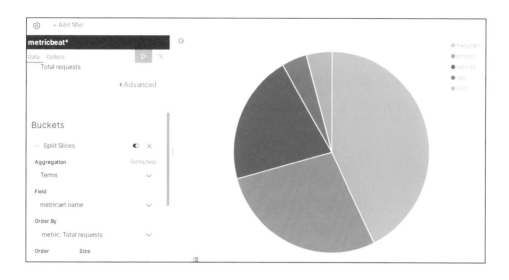

이런 방식으로 파이 차트를 만들 수 있으며, 여기에서 모든 필드를 사용해 차트를 만들 수 있다. Option 링크를 클릭해 옵션 패널을 연 다음 Donut 옵션을 선택해 파이 차트를 도넛형 차트로 변경할 수 있다. 다음 화면과 같이 파이 차트를 도넛형 차트로 변환한다.

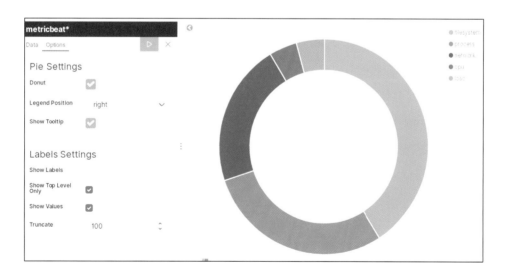

Options 패널을 사용해 pie settings와 같은 다양한 사항을 구성할 수 있다. 여기에서 파이 차트를 도넛형 차트로 변환하고 범례 위치를 변경하며, 툴팁을 활성화하거나 비활성화할 수 있다. 그런 다음 label settings를 사용해 레이블을 표시하거나 숨기고, 값을 표시하고, 값을 자르는 등을 수행할 수 있다.

히트맵 생성

히트맵에서 색상은 서로 다른 데이터 값 집합 간의 주요 차별화 요소다. 이 유형의 시각화를 사용하면 유사 콘텐츠를 쉽게 구분할 수 있다. 키바나에서 히트맵을 만들려면 다음 단계를 따라 한다.

1. Select visualization type 페이지에서 Heat Map 옵션을 클릭해 인덱스 선택 페이지를 연다.

2. Metricset를 사용해 히트맵을 만들고 싶다면 metricbeat* 인덱스를 선택한다.

3. 새로운 Heat Map 시각화 화면이 열릴 것이다.

4. Y축 아래의 Aggregation 아래 Count를 선택하고 Custom label을 Total records로 변환한다.

5. X축에서 Buckets 아래의 Aggregation 아래 Terms를 선택하고 Field 옵션 아래 metricset.name를 선택한다.

6. 요구 사항에 맞게 Size를 설정한다.

7. Customer label 아래 Name of metricset와 같은 관련 레이블을 설정한다.

8. 이러한 변화들을 적용하고자 Apply changes 버튼을 클릭하고 히트맵 차트 시각화를 생성한다. 이는 다음과 같은 화면을 보여준다.

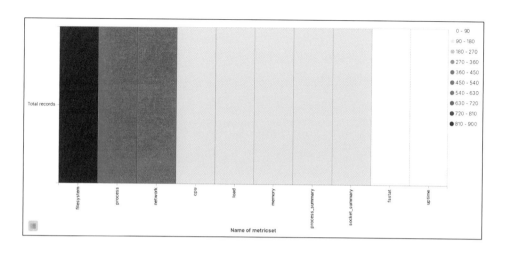

위의 화면에서 다양한 유형의 메트릭 세트에 대해 서로 다른 색상을 볼 수 있었다. filesystem 메트릭 세트는 빨간색이고 범위는 810 ~ 900이며, process 메트릭 세트는 주황색이고 범위는 720 ~ 810이다. 이러한 방식으로 다양한 색상의 다양한 범위를 쉽게 구별할 수 있고 이해하기도 쉽다. 모든 필드 값을 사용해 키바나에서 히트맵을 만들 수 있다.

데이터 테이블 생성

시각화 데이터 테이블 유형을 사용해 데이터를 테이블 형식으로 나타낼 수 있다. 그래픽 차트는 데이터를 시각화하는 좋은 방법이지만 데이터 테이블을 사용하면 실제 필드 값을 볼 수 있도록 중요한 열이 있는 실제 데이터를 볼 수 있다. 그래픽 차트와 함께 데이터 테이블을 추가하면 둘 다 동기화된 방식으로 작동해 데이터에 대한 완전한 통찰력을 제공한다. 키바나에서 데이터 테이블을 만들려면 다음을 수행한다.

1. Select visualization type 페이지에서 data table 옵션을 클릭해 인덱스 선택 페이지를 연다.

2. metricbeat* 인덱스 패턴을 선택한다.

3. Metrics 아래의 Aggregation 아래 Count 옵션을 선택하고 custom label을 total request로 바꾼다.

4. 메트릭을 하나 더 추가하려면 Add metric을 클릭한다. 필요한 경우에는 데이터 테이블에 더 많은 메트릭을 추가할 수 있다.

5. Aggregation 아래에서 terms 옵션을 선택하고 Field 드롭다운 아래에서 metricset.name 옵션을 선택해 열을 추가한다. 요구 사항에 따라 order와 size 드롭다운을 설정한다. 선택한 열에 따라 custom label을 변경할 수도 있다.

6. Split Rows 링크를 클릭한 다음 동일한 프로세스를 반복해 더 많은 열을 추가할 수 있다. 이 과정에서 metricset.name 열을 추가했다.

7. 여기에 event.dataset 필드를 데이터 테이블의 열로 추가했다. 다음 화면은 Metricset name의 데이터 테이블과 이벤트 데이터 세트를 보여준다.

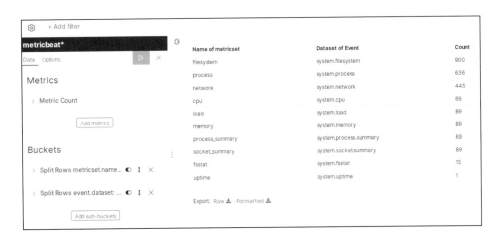

이 방법으로 인덱스 필드를 사용해서 데이터 테이블을 생성한 후 대시보드에 추가해 데이터의 그래픽 표현과 함께 데이터를 테이블 형식으로 볼 수 있다.

메트릭 시각화 생성

메트릭 시각화를 사용해 인덱스의 모든 필드에 카운트를 표시할 수 있다. 인덱스에서 필드에 가능한 다른 값 세트에 대한 수, 합계, 평균을 표시할 수 있다. 이름을 사용해 서로 다른 메트릭 세트 유형의 개수를 표시하려는 예를 살펴보자. 이 시나리오에서는 메트릭 유형의 시각화를 쉽게 사용할 수 있다. 이를 추가하려면 다음 단계를 따라 한다.

1. Select visualization type 페이지에서 metric 옵션을 클릭해 인덱스 선택 페이지를 연다.

2. Metricbeat Metricset 데이터 유형을 사용해 메트릭 디스플레이를 만들려면 metricbeat * 인덱스 패턴을 선택한다. 그러면 New visualization 화면이 열린다.

3. Metrics 항목 아래의 Aggregation에서 Count 옵션을 선택하고 Custom Label을 Total requests로 변경한다.

4. Add metrics를 클릭하면 1개 이상의 메트릭을 추가할 수 있다. 필요하다면 시각화에 더 많은 메트릭을 추가할 수 있다.

5. 칼럼을 추가하려면 Buckets 아래의 Split Group을 클릭한다.

6. Aggregation 아래의 Terms를 선택하고, metricset.name이나 보여주고자 하는 필드를 선택한다.

7. 다음과 같은 화면에서 보여주는 것처럼 메트릭 유형 시각화를 만들 변화를 적용하려면 Apply Changes 버튼을 누른다.

앞의 화면에서 metricset.name 필드의 각 값에 대한 Total requests를 확인할 수 있으며, 같은 방식으로 인덱스의 모든 필드에 대한 메트릭 뷰를 만들 수 있다. 대시보드에서는 좀 더 효과적이고 의미 있는 시각화를 위해 다양한 유형의 시각화가 필요하다.

태그 클라우드 생성

태그 클라우드^{tag cloud}도 모든 대시보드에 대해 매우 훌륭하고 직관적인 시각화 옵션이다. 태그 클라우드 시각화를 사용해 클릭하고 필터링할 수 있는 인덱스 필드를 사용해 키워드를 표시하도록 구성할 수 있다. 태그 클라우드를 만들려면 다음과 같은 단계를 따라 한다.

1. Select visualization type 페이지에서 Tag Cloud 옵션을 클릭하면 인덱스 선택 페이지를 열 수 있다.
2. Metricbeat Metricset 데이터 타입을 사용해 태그 클라우드 디스플레이를 생성하려면 metricbeat* 인덱스 패턴을 선택한다. 그러면 New Visualization 화면을 열 수 있다.
3. Metrics 아래의 Aggregation에서 Count 옵션을 선택한다.
4. Buckets 아래의 Tags 링크를 선택한다.
5. Aggregation 아래의 Terms를 선택하고 metricset.name이나 다른 필드를 선택한다.
6. 요구 사항에 따라 Order By와 Size 드롭다운을 설정하고, `Name of metricset`로서 Custom Label을 추가한다.

7. 이러한 변화들을 적용하고자 Apply Changes 버튼을 클릭하면 다음 그림 처럼 태그 클라우드 타입 시각화를 생성할 수 있다.

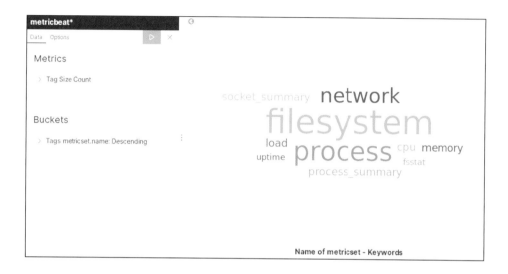

이런 방식으로 인덱스의 모든 필드를 사용해 태그 클라우드를 생성한 다음 이 시 각화를 대시보드에 추가할 수 있다.

시각화 점검

시각화를 점검해 그래픽 시각화의 실제 데이터를 확인할 수 있다. 그리고 총 적중 횟수, 인덱스 패턴, 쿼리 시간, 요청 시간, 또는 일래스틱서치의 실제 요청 JSON과 일래스틱서치의 실제 응답 JSON 같은 통계도 볼 수 있다.

또한 점검 화면에서 형식화된 데이터나 원시 CSV 데이터를 다운로드할 수 있다. 시각화를 위해 왼쪽 상단의 Inspect 링크를 클릭해 Inspect 패널을 연다. 다음 화면 은 Inspect의 데이터 뷰를 보여준다.

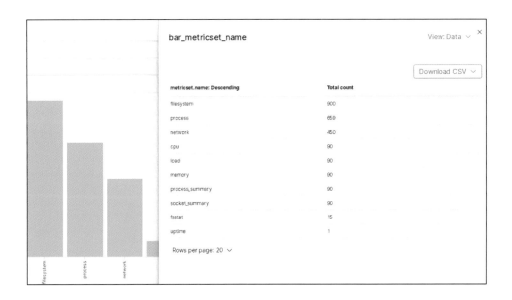

위의 화면에서 Inspect 패널을 사용해 시각화 뒤에 있는 데이터를 볼 수 있다. metricset.name 필드의 실제 데이터와 Total count를 보여준다. 같은 방식으로 키바나의 그래픽 시각화를 점검해 시각화 뒤에 있는 데이터를 알 수 있다. 페이지 오른쪽 상단의 드롭다운에서 Vies: Requests를 선택해 요청을 볼 수도 있다. 그러면 다음 화면에 표시된 뷰가 열린다.

위의 화면은 요청의 Statistics를 보여준다. 여기서 총 히트 수, 사용된 인덱스 패턴, 인덱스 패턴의 ID, 쿼리 시간, 요청 시간, 요청 타임스탬프 등을 알 수 있다. 또한 요청과 응답 링크를 클릭해 실제 **Request**와 일래스틱서치에서 받은 Response를 볼 수 있는 옵션이 있다. 다음 화면은 검사 화면의 요청 패널을 보여주며, 일래스틱서치에 대한 실제 요청 쿼리를 보여준다.

```
bar_metricset_name                                              View: Requests ∨    ✕

1 request was made

Request  Data                                                              ✓ 352ms
This request queries Elasticsearch to fetch the data for the visualization.

  Statistics  Request  Response

{
  "aggs": {
    "2": {
      "terms": {
        "field": "metricset.name",
        "size": 10,
        "order": {
          "_count": "desc"
        }
      }
    }
  },
  "size": 0,
  "_source": {
    "excludes": []
  },
  "stored_fields": [
    "*"
  ],
  "script_fields": {},
  "docvalue_fields": [
    {
      "field": "@timestamp",
      "format": "date_time"
    },
```

위의 화면에서 시각화 뒤의 실제 일래스틱서치 쿼리를 볼 수 있다. 이러한 방식으로 키바나의 시각화를 검사해 데이터, 요청, 응답, 통계를 파악할 수 있다.

시각화 공유

시각화를 생성하면 Share 옵션을 사용해 웹 페이지에 시각화를 넣을 수 있다. 시각화를 공유하려면 페이지의 오른쪽 상단에 있는 Share 버튼을 클릭한된다. 이를 통해 Embed code, permalinks 두 가지 옵션과 함께 Share this visualization 팝업을 열 수 있다. Embed code 옵션에서는 iframe 코드를 복사해 웹 페이지에 통합할 수 있다.

Embed code에는 두 가지 옵션이 있다. 첫 번째는 현재 상태를 저장할 수 있는 Snapshot이며, 스냅샷을 만든 후 현재 시각화에 대한 변경 사항은 이를 반영하지 않는다. 다른 옵션은 Save object로, 가장 최근에 저장된 시각화 버전을 시각화에서 업데이트하는 것처럼 공유 버전에 반영되게 표시한다. 짧은 URL을 선택하면 Embed code의 짧은 URL을 만들 수 있다.

X_Axis와 Y-Axis의 Total requests에 대해 다른 유형의 메트릭 세트^{Metricset}가 있는 막대형 차트를 표시하는 bar_metricset_name 시각화의 최신 링크를 포함시키고자 Share 버튼을 클릭한다. 그다음 Embed code 링크를 클릭해 저장된 Saved object를 선택할 수 있는 패널을 열고 Copy IFrame code 버튼을 클릭하면 다음과 같이 시각화를 위한 iframe 임베디드 코드가 복사된다.

다음의 iframe 코드는 Copy Iframe code 버튼을 클릭할 때 복사되는 예제 코드다.

```
<iframe
src="http://localhost:5601/app/kibana#/visualize/edit/1cb98ab0-644a-11e9-9f
28-7f5f9c1f7a91?embed=true&_g=()" height="600" width="800"></iframe>
```

이전 코드를 복사하고 맞춤 페이지에서 시각화를 보여주기 위한 웹 페이지에서 사용할 수 있다. iframe 코드로 간단한 코드를 작성해 kibana.html이라는 웹 페이지를 생성해보자.

```
<html>
<head>
<title>Kibana embedded visualization</title>
</head>
<body>
<h2>Kibana Visualization display</h2>
<h3>This is my custom web page</h3>
<iframe
```

```
src="http://localhost:5601/app/kibana#/visualize/edit/1cb98ab0-644a-11e9-9f
28-7f5f9c1f7a91?embed=true&_g=()" height="600" width="800"></iframe>
</body>
</html>
```

이 코드에서는 제목과 **iframe** 코드가 있는 간단한 웹 페이지를 만들어 이 웹 페이지에 키바나 시각화를 포함시킨다. HTML 파일을 저장한 후 브라우저에서 열어 웹 페이지를 표시하면 다음 화면과 같은 내용이 표시된다.

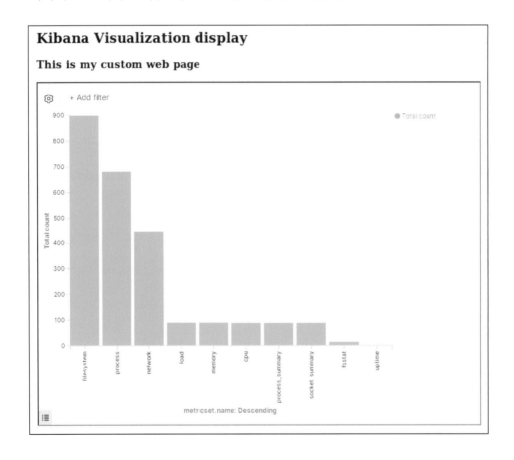

앞의 화면은 삽입된 키바나 막대그래프 시각화와 함께 HTML 페이지를 보여준다. 이런 식으로 HTML 페이지에 시각화를 포함시킬 수 있으며, 웹 페이지에 시각화를 표시할 수 있다.

키바나에서 대시보드 생성

지금까지 키바나에서 다양한 유형의 시각화를 만드는 방법을 다뤘다. 이제 다양한 유형의 시각화를 통합해 대시보드를 만드는 방법을 살펴보자. 대시보드는 KPI를 모니터링할 수 있는 단일 뷰를 제공하므로 매우 유용하다. 키바나에서 대시보드를 만들려면 다음 단계를 따라 한다.

1. 왼쪽 메뉴에서 Dashboard 링크를 클릭해 존재하는 대시보드의 목록을 보여주는 페이지를 연다.
2. 대시보드를 열고자 존재하는 대시보드를 클릭한다. 새로운 대시보드를 생성할 때 페이지의 오른쪽 상단에 Create new dashboard를 클릭한다.
3. 이는 This dashboard is empty. Let's fill it up!이라는 메시지와 함께 빈 페이지를 연다.
4. 시각화를 추가하고자 Add 버튼을 클릭하면 다음 그림과 같이 Add panel 화면을 열 수 있다.

Add Panels

Visualization　　Saved Search

🔍 Search...　　　　　　　　　　　　　　Add new Visualization

Title

[Logs] Unique Visitors vs. Average Bytes

[Logs] Unique Visitors by Country

[Logs] Heatmap

[Logs] Host, Visits and Bytes Table

[Logs] Goals

[Logs] File Type Scatter Plot

[Logs] Source and Destination Sankey Chart

[Logs] Response Codes Over Time + Annotations

[Logs] Input Controls

[Logs] Visitors by OS

[Logs] Markdown Instructions

[Flights] Controls

[Flights] Flight Count and Average Ticket Price

[Flights] Airline Carrier

위의 화면에는 이미 저장된 시각화를 추가하거나 새 시각화를 추가할 수 있는 시각화와 저장된 검색 옵션이 있다. 검색 창을 사용해 시각화를 검색하고 시각화 이름을 클릭해 대시보드 패널에 추가할 수 있다. 이러한 방식으로 대시보드 패널에 표시하려는 모든 시각화를 추가할 수 있다.

다음은 대시보드 페이지에서 시각화를 추가한 후 대시보드 뷰의 화면이 있는 링크다.

https://github.com/PacktPublishing/Learning-Kibana-7Second-Edition/tree/master/Images

앞 링크의 화면에서 볼 수 있듯이 메트릭 시각화, 막대 차트, 파이 차트, 꺾은 선형 차트, 태그 클라우드, 영역 차트, 데이터 테이블, 히트맵 시각화를 대시보드에 추가했다. 대시보드를 만든 후 많은 작업을 수행할 수 있는데, 다음은 대시보드로 수행할 수 있는 몇 가지 옵션이다.

1. 오른쪽 상단 링크에 Save 링크를 클릭해 저장한다. 대시보드를 저장한 후에 대시보드를 수정하려면 Edit 링크를 클릭한다. 수정 모드에서는 다음과 같은 작업을 할 수 있다.

   1. 시각화 패널을 원하는 위치로 끌어 놓아 재배열한다.
   2. Panel settings에서 Edit visualization 링크를 클릭해 시각화를 편집한다.
   3. Panel settings에서 Inspect 링크를 클릭해 개별 시각화 데이터를 검사한다.
   4. Panel settings에서 full screen 링크를 클릭해 전체 화면으로 시각화를 살펴본다.
   5. Panel settings에서 Customize panel 링크를 클릭해 시각화 레이블을 변경한다.
   6. Panel settings 아래의 Delete from dashboard를 클릭해 대시보드에서 시각화를 삭제한다.

2. 어두운 테마를 적용할 수 있고 왼쪽 상단 링크에서 Options 링크를 클릭해 패널 제목을 숨기거나, 숨기기 해제하거나, 패널 간 여백을 표시/숨길 수 있다.

대시보드 공유

대시보드가 생성되면 공유된 대시보드 링크를 넣음으로써 웹 페이지에 대시보드를 포함시킬 수 있다. 대시보드를 공유하려면 오른쪽 상단의 Share 버튼을 클릭한다. Embed code와 Permalinks의 두 가지 옵션이 있는 Share this dashboard 팝업이 열린다. Embed code 옵션이 있고, 이를 사용해 `iframe` 코드를 복사해 웹 페이지에 통합할 수 있다.

Embed code에는 두 가지 옵션이 있다. 첫 번째는 Snapshot이며, 이를 사용해 대시보드의 현재 상태를 저장할 수 있지만 스냅샷을 만든 후 현재 대시보드의 변경 사항이 선택되지 않는다. 또 다른 옵션은 Saved object로, 가장 최근에 저장된 대시보드 버전을 표시한다. 마치 대시보드에서 업데이트를 수행하는 것처럼 공유 버전에 반영된다. 짧은 URL 옵션을 갖고 있으며, 이를 사용해 임베디드 코드의 짧은 URL을 만들 수 있다.

다음 표현식은 HTML 코드에 포함된 대시보드를 보여준다.

```
<html>
<head>
<title>Kibana embedded dashboard</title>
</head>
<body>
<h2>Kibana Dashboard Display</h2>
<h3>This is my custom web page</h3>
<iframe
src="http://localhost:5601/app/kibana#/dashboard/e0b13630-6467-11e9-9f28-7f
5f9c1f7a91?embed=true&_g=()" height="1000" width="1570"></iframe>
</body>
</html>
```

위의 표현식은 `<iframe>` 태그를 사용해 키바나 대시보드를 임베디드한 HTML 페이지를 보여준다. 다음은 키바나 대시보드가 있는 HTML 페이지를 표시하는 대시보드의 화면이 있는 링크다.

https://github.com/PacktPublishing/Learning-Kibana-7-Second-Edition/tree/master/Images

위 링크의 화면에서는 키바나 대시보드가 포함된 웹 페이지를 보여준다. 키바나의 이 내장 기능을 사용해 새로운 웹 페이지나 기존 웹 페이지에 대시보드를 포함시킬 수 있다.

보고서 생성

다음과 같은 순서를 따라 하면 키바나의 대시보드에서 PDF나 PNG 보고서를 생성할 수 있다.

1. 왼쪽 상단 메뉴에서 Share 링크를 클릭하고 PDF Reports나 PNG Reports를 클릭한다.

2. 보고서 옵션을 클릭하면 보고서가 생성되는 중이라는 메시지를 확인할 수 있는데, 이는 Management 옵션에서 확인할 수 있다.
3. 보고서를 보고 다운로드하려면 왼쪽 메뉴에서 Management 링크를 클릭한다. 키바나 아래에서 Reporting 링크를 클릭하면 다음과 같은 화면을 확인할 수 있다.

이 보고서 화면에는 지금까지 생성한 모든 보고서가 표시된다. 다운로드 아이콘을 클릭해 이 목록에서 보고서를 다운로드할 수 있다. 이런 방식으로 키바나의 대시보드나 시각화에서 보고서를 생성할 수 있다.

▍요약

4장에서는 다양한 유형의 시각화와 만드는 방법을 설명했다. 또한 시각화용 데이터 식별을 다루고 그중 일부를 만들기 위한 실용적인 접근 방식을 알아봤다. 영역 차트, 막대 차트, 꺾은 선형 차트를 만드는 것으로 시작해 시각화 페이지의 지정된 옵션에서 하나의 차트를 다른 차트로 변환하는 방법도 설명했다. 그런 다음 파이 차트 작성과 히트맵 작성을 다루고, 데이터 테이블과 메트릭 시각화를 작성했다.

시각화 후 인덱스 필드를 사용해 워드 클라우드^{word cloud}를 표시하고자 태그 클라우드^{tag cloud}를 작성했다. 그다음 시각화 옵션을 사용해 시각화를 점검하고 시각화의 iframe 코드를 포함시켜 웹 페이지에서 공유했다. 지금까지 살펴본 각 시각화를 추가해 대시보드를 생성하는 방법을 다뤘다. 그런 다음 대시보드 공유 옵션을 사용해 웹 페이지에 대시보드를 포함시키고, 대시보드를 사용해 보고서를 다운로드하는 방법을 살펴봤다.

5장에서 다룰 데브 툴즈^{Dev Tools}와 타임라이온^{Timelion}은 키바나에서 매우 중요하다. 데브 툴즈를 사용하면 키바나에서 직접 일래스틱서치 쿼리를 실행할 수 있고, 타임라이온을 사용하면 시계열 데이터를 이용해 복잡한 시각화를 만들 수 있다.

데이터를 이용하는 도구

3부에서는 콘솔, 검색 프로파일러, Grok 디버거를 설명하면서 데브 툴즈^{Dev Tools}를 다룬 다음 시계열 데이터로 재생할 수 있는 타임라이온^{Timelion}을 다룬다. 3부의 끝에서는 키바나에서 다른 공간을 만드는 방법을 설명한다.

3부에서 다루는 내용은 다음과 같다.

- 5장, 데브 툴즈와 타임라이온
- 6장, 키바나에서 공간과 그래프 탐색

05

데브 툴즈와 타임라이온

5장에서는 키바나의 중요한 기능인 데브 툴즈^{Dev Tools}와 타임라이온^{Timelion}을 알아본다. 데브 툴즈에는 **콘솔**, **검색 프로파일러**^{Search Profiler}, Grok 디버거와 같은 다양한 작업에 사용할 수 있는 세 가지 주요 옵션이 있다. 키바나 콘솔에서 직접 모든 인덱스에 대해 일래스틱서치 쿼리를 실행할 수 있으므로 콘솔을 통해 일래스틱서치와 직접 상호작용할 수 있다.

데브 툴즈는 쿼리를 cURL 명령으로 복사하는 유형 힌트, 정렬, 옵션을 제공하는데, 이 명령은 터미널에 직접 붙여 넣어 실행할 수 있다. 데브 툴즈에서 검색 프로파일러를 사용해 일래스틱서치 쿼리를 프로파일링하고 Grok 디버거를 사용해 구조화되지 않은 데이터와 일치하는 패턴을 작성해 구조화된 데이터^{Structured Data}로 변환할 수 있다.

타임라이온은 시계열 데이터를 이용할 수 있는 도구다. 시계열 데이터에서 타임라이온 함수를 연결해 다른 시각화를 만드는 방법을 다룬다. 또한 타임라이온은 유연성을 제공해 키바나 비주얼라이즈에서는 불가능한 다양한 일래스틱서치 인덱스를 사용해 그래프를 그릴 수 있다.

타임라이온을 사용해 데이터를 처리하고 다른 쿼리를 해결할 수 있다. 예를 들어 누군가 현재 데이터와 지난 주 데이터의 차이를 보고자 한다면 동일한 시각화에서 두 데이터를 모두 그릴 수 있다. 이를 통해 차이점을 쉽게 파악할 수 있으며, 추세가 무엇인지 쉽게 알 수 있다. 타임라이온에는 복잡한 시각화를 만들고자 서로 연결하는 옵션을 제공하는 많은 기능이 있다.

5장에서 다루는 내용은 다음과 같다.

- 데브 툴즈 소개
- 데브 툴즈 콘솔
- 검색 프로파일러
- Grok 디버거
- 타임라이온 소개
- 시계열 데이터를 기반으로 타임라이온에서 메트릭 대시보드 작성
- 사용 사례를 통한 타임라이온의 실제 예

▌데브 툴즈 소개

데브 툴즈는 키바나의 중요한 기능으로, 일래스틱서치 쿼리를 실행하기 위한 콘솔, 일래스틱서치 쿼리를 프로파일링하기 위한 검색 프로파일러와 로그 파일 같이 비정형 데이터에서 필드를 추출하기 위해 grok 패턴을 생성하는 Grok 디버거를 제공한다. 키바나에서 일래스틱서치 인덱스에 접근하려면 인덱스 패턴을 작

성해야 한다. 그러나 데브 툴즈 콘솔을 사용하면 모든 일래스틱서치 인덱스에서 쿼리를 직접 실행할 수 있다. 데브 툴즈의 검색 프로파일러는 각 구성 요소에 소요된 시간의 백분율과 함께 각 쿼리 구성 요소에 대한 쿼리 지속 시간과 함께 각 쿼리의 세부 정보를 제공한다. 구성 요소가 오래 걸리는 경우 이 세부 정보를 사용해 쿼리를 최적화할 수 있다. 이제 데브 툴즈의 이 세 가지 기능을 자세히 살펴보자.

콘솔

데브 툴즈 **콘솔**^{Console}을 사용해 모든 일래스틱서치 쿼리를 실행할 수 있으며, 동일한 화면에서 결과를 볼 수 있다. 콘솔을 사용하면 쿼리를 구성하기 매우 쉽도록 쿼리를 제안해준다. 유형 힌트 외에도 자동 들여 쓰기 옵션이 있으며, 이를 사용해 쿼리를 들여 쓸 수 있다. 데브 툴즈 **콘솔**에서 Copy as cURL 옵션을 사용해 일래스틱서치 쿼리를 복사할 수도 있다.

다음 화면은 데브 툴즈의 **콘솔** 뷰를 보여준다. 왼쪽 창에는 쿼리가 있고 오른쪽 창에는 쿼리 결과가 있다.

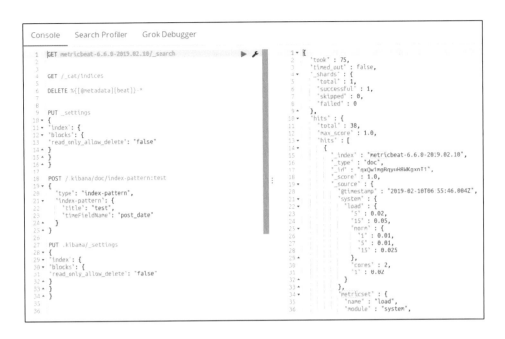

데브 툴즈 콘솔의 화면에는 일래스틱서치 쿼리를 구성하고 실행하기 위한 하나와 쿼리 결과를 보기 위한 두 개의 창이 있다. 왼쪽 창에서 일래스틱서치 쿼리를 입력할 수 있으며, 이 과정에서 **콘솔**은 쿼리를 쉽게 구성할 수 있는 형식을 제공한다. 쿼리를 생성한 후 클릭해 요청을 보내려면 클릭 아이콘을 클릭해 쿼리를 실행하고 쿼리가 실행되면 오른쪽 창에서 결과를 볼 수 있다.

Send request 아이콘을 클릭하면 다음 화면과 같이 설정 아이콘이 제공돼 세 가지 옵션이 제공된다.

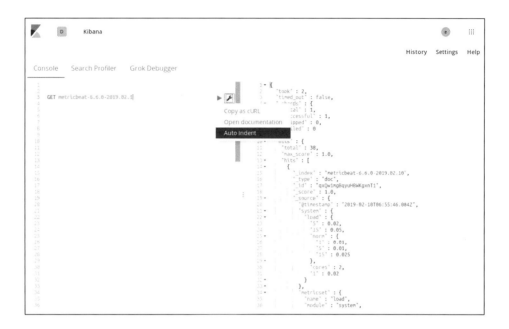

위의 화면에서는 쿼리를 위한 설정에서 다음과 같은 3가지 옵션을 확인할 수 있다.

- **Copy as cURL:** 이 옵션을 사용하면 터미널에서 쿼리를 실행하는 것처럼 curl을 쿼리로 복사할 수 있으며 curl은 유일한 옵션이다. 키바나 콘솔에서 쿼리를 구성한 다음 Copy as cURL 옵션을 사용해 curl로 복사할 수 있다. 다음 표현식은 키바나 데브 툴즈 콘솔에서 메트릭비트 인덱스 데이터를 가져오는 쿼리를 보여준다.

```
GET metricbeat-6.6.0-2019.02.1
```

Copy as cURL 옵션을 사용해 이 쿼리를 복사하면 키바나 콘솔의 동일한 쿼리를 메트릭비트 인덱스 데이터를 가져오기 위한 curl 쿼리로 변환할 수 있다. 다음 표현을 참조한다.

```
curl -XGET "http://172.31.xx.xxx:9200/metricbeat-6.6.0-2019.02.1"
```

위의 표현식은 curl 쿼리를 보여준다. 이 쿼리는 터미널에서 직접 실행해 메트릭비트 인덱스에서 일래스틱서치 데이터를 가져올 수 있다.

- **Open documentation**: Open documentation 옵션을 사용하면 일래스틱 웹 사이트에서 문서 페이지를 열 수 있다. 문서는 실행하려는 쿼리 유형에 따라 달라지므로 GET 쿼리를 실행하는 경우 일래스틱의 인덱스 가져오기 문서를 볼 수 있으며 DELETE 쿼리에서 문서를 열면 콘솔은 일래스틱의 Delete Index 문서화 페이지를 연다. 이렇게 하면 의심스러운 경우 Open documentation 링크를 클릭해 키바나 **콘솔** 페이지에서 문서를 직접 열 수 있다.

- **Auto indent**: 설정 아래의 세 번째 옵션은 Auto indent다. 이는 복잡한 쿼리를 구성할 때 유용하며 쿼리 들여 쓰기가 올바르지 않을 때 이 옵션을 클릭하면 쿼리를 쉽게 들여 쓸 수 있다.

타임스탬프를 내림차순으로 정렬하는 쿼리가 있는 다음 예를 살펴보자.

```
GET metricbeat-6.6.0-2019.02.10/_search
{
    "query":{"match_all":{}},
"sort":[{"@timestamp":
{
    "order":"desc"
}
}]}
```

위 표현식의 쿼리는 제대로 들여 쓰기 돼 있지 않다. 이를 수동으로 들여 쓰기하면 모든 부분을 확인하고 수정해야 하지만 자동 Auto indent 옵션을 사용하면 한 번의 클릭으로 쿼리를 들여 쓰기할 수 있다. 그러면 다음 표현식과 같이 쿼리가 변환된다.

```
GET metricbeat-6.6.0-2019.02.10/_search
{
    "query": {
        "match_all": {}
    },
    "sort": [
        {
            "@timestamp":
            {
                "order": "desc"
            }
        }
    ]
}
```

위의 표현식은 자동 들여 쓰기된 쿼리를 보여주며 이해하고 디버그하기 쉽다.
Auto indent 옵션을 다시 클릭하면 다음 표현식과 같이 압축된 방식으로 쿼리가 들
여 쓰기 된다.

```
GET metricbeat-6.6.0-2019.02.10/_search
{"query":{"match_all":{}},"sort":[{"@timestamp":{"order":"desc"}}]}
```

위의 표현식은 쿼리를 압축된 방식으로 보여준다. 설정 아래의 Auto indent 링크를
사용해 쿼리를 확장하거나 압축할 수 있다.

검색 프로파일러

쿼리 프로파일러는 X-Pack에 포함된 키바나 도구며, 이를 사용해 쿼리를 프로파
일링하고 성능이 저조한 쿼리를 진단할 수 있다. 백그라운드에서 일래스틱서치
프로파일러 API를 사용하므로 분석하기 쉽지 않은 큰 JSON 블롭Blob을 반환하지만

검색 프로파일러를 사용하면 JSON 데이터를 시각화 형식으로 제공해 쉽게 처리할 수 있다.

키바나 검색 프로파일러에서 쿼리를 프로파일링하려면 데브 툴즈 아래의 Profiler 탭을 클릭하고 Index 텍스트 상자 아래에 인덱스 이름을 추가한다. 그다음 왼쪽 창에 쿼리를 입력한 후 다음 화면에 표시된 쿼리 프로파일링 결과를 보여주는 Profile을 클릭해야 한다.

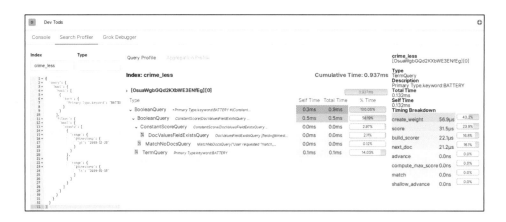

앞의 쿼리는 Query Profile의 결과를 보여준다. 여기서 쿼리의 왼쪽 창에 쿼리를 추가한다. 이 쿼리는 기본 유형이 BATTERY이고 타임스탬프가 2018-12-20에서 2019-01-10 범위인 모든 레코드를 가져오려는 불리언 쿼리다. 다음 쿼리를 참고하자.

```
{
    "query": {
        "bool": {
            "must": [
                {
                    "term": {
                        "Primary Type.keyword": "BATTERY"
```

```
                }
            }
        ],
        "filter": {
            "bool": {
                "should": [
                    {
                        "range": {
                            "@timestamp": {
                                "gt": "2018-12-20"
                            }
                        }
                    },
                    {
                        "range": {
                            "@timestamp": {
                                "lt": "2019-01-10"
                            }
                        }
                    }
                ]
            }
        }
    }
  }
}
```

이 쿼리에서는 용어 일치와 시간 범위를 사용해 crime_less 일래스틱서치 인덱스에서 데이터를 가져온다. 결과를 얻고자 이러한 쿼리를 구성했다. 그러나 쿼리 프로파일러를 사용하면 쿼리의 수행 방식과 쿼리를 수정할 수 있는 다른 영역에 대한 아이디어를 얻을 수 있다. 다음 화면은 쿼리 프로파일러의 결과다.

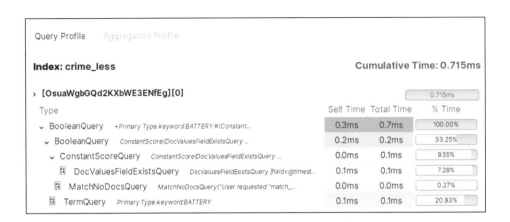

앞의 쿼리 프로파일러 결과에서 실제 쿼리를 수행하고자 실행된 다른 쿼리 세트를 볼 수 있다. 화면을 보면 먼저 인덱스 이름과 샤드^{shard}(노드 ID)가 표시되며, 쿼리 유형이 실행되는 것을 볼 수 있다. 샤드를 클릭해 세부 정보를 확장하면 최상위 계층 구조에 BooleanQuery가 표시되고 그 다음에 BooleanQuery가 표시된다. 그 밑에 ConstantScoreQuery가 있는데, 계층 구조에서 DocValuesFieldExistsQuery와 MatchNoDocsQuery를 병렬로 표시한다.

BooleanQuery와 동시에 TermQuery가 있다. 시간의 100%가 걸리는 외부 BooleanQuery를 자세히 설명하면 시간을 두 가지 주요 쿼리로 분산시킨다. 첫째, 타임스탬프 범위를 확인하는 BooleanQuery의 경우 33.25%, TermQuery의 경우 20.83%이며, Primary_type 용어를 BATTERY 값과 일치시킨다. 이러한 세부 정보를 사용해 검색 프로파일러를 통해 프로파일링한 후 성능을 향상시키고자 쿼리를 조정할 수 있다.

복잡한 쿼리를 사용한 후 색상을 사용해 다른 쿼리 세그먼트보다 시간이 오래 걸리는 세그먼트를 표시할 때 키바나 **검색 프로파일러**를 사용해 프로파일링할 수 있다.

집계 프로파일

키바나 쿼리 프로파일러^{Query Profiler}을 사용해 쿼리를 프로파일링하면 기본적으로
Query Profile 뷰를 볼 수 있지만 Search Profile의 Aggregation Profile 옵션을 사용
해 집계 쿼리^{aggregation query}를 프로파일링할 수도 있다. 다음 쿼리 표현식을 참고
하자.

```
GET metricbeat-6.2.2-2018.11.19/_search?size=0
{
    "aggs": {
        "rtt": {
            "stats": {
                "field": "metricset.rtt"
            }
        },
        "network_packet_in": {
            "stats": {
                "field": "system.network.in.packets"
            }
        },
        "network_cpu": {
            "stats": {
                "field": "system.cpu.cores"
            }
        }
    }
}
```

위의 표현식에서 메트릭비트 데이터를 나타내는 메트릭비트 인덱스의 rtt,
network_packet_in, network_cpu 필드에 대한 메트릭 집계를 가져온다. 검색
프로파일러에서 이 쿼리를 입력하고 Profile 버튼을 클릭하면 기본 Query Profile
탭 뷰가 열린다. 그러나 집계 프로파일^{aggregation profile}을 프로파일링하기 때문에

Aggregation Profile 옵션을 사용할 수 있다.

Aggregation Profile 옵션을 클릭하면 다음 화면이 열린다.

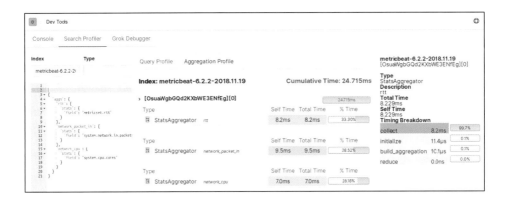

위의 화면에서 인덱스 이름은 metricbeat-6.2.2-2018.11.19로 표시되고 노드 ID가 있는 샤드는 세 개의 집계를 모두 볼 수 있다. 여기서 첫 번째는 **rtt**이고 두 번째는 **network_packet_in**이며 세 번째는 **network_cpu**다. 집계의 프로파일 세부 사항을 알려면 링크를 클릭해야 하며 페이지 오른쪽에서 세부 사항을 볼 수 있다. 이렇게 하면 키바나 데브 툴즈의 Aggregation Profile 옵션을 사용해 모든 집계 쿼리를 프로파일링할 수 있다.

Grok 디버거

키바나 grok 패턴은 grok 패턴을 구성하는 데 도움이 되는 도구다. grok 패턴을 사용해 아파치나 엔진엑스와 같은 웹 서버 로그, MySQL과 같은 데이터베이스 로그 또는 syslog 로그 등 다양한 로그와 같은 비정형 데이터를 구문 분석할 수 있다. 이 로그는 시스템에 문제가 있는지 또는 문제의 원인을 알고 싶은지 확인할 때 작성된다.

Grok 표현식은 기본적으로 패턴 일치 구문으로, 임의의 텍스트를 구문 분석하고 구조화된 형식으로 변환하는 데 사용할 수 있다.

구조화되지 않은 형식의 로그를 사용하면 세부 정보를 쉽게 가져올 수 없다. grok 을 만들어 로그스태시에 적용함으로써 구조화되지 않은 데이터를 구조화된 데이터로 쉽게 변환할 수 있으며, 쉽게 검색하고 분석할 수 있다. 그러나 Grok Pattern을 작성하고 매번 로그스태시 구성을 실행해 의도한 결과를 얻고 있는지 확인해 테스트하는 것은 어려울 수 있다.

키바나 grok 패턴은 Grok Pattern 실행을 시뮬레이션하고 결과를 동일한 페이지에서 볼 수 있으므로 프로세스를 매우 쉽게 만들어준다. 키바나에서 Grok Pattern을 만들려면 데브 툴즈 페이지에서 Grok Pattern 탭을 클릭해야 하며, 다음 화면이 열린다.

D Dev Tools

Console   Search Profiler   Grok Debugger

Sample Data
1

Grok Pattern
1

> Custom Patterns

Simulate

Structured Data
1 {}

앞의 화면은 Grok Pattern 페이지를 보여주는데, Sample Data, Grok Pattern, Structured Data의 세 가지 세그먼트로 구성된다.

- **Sample Data:** 여기서는 아파치, MySQL, syslog 또는 기타 임의의 데이터와 같은 로그에서 구조화되지 않은 샘플 데이터를 입력하는 데 사용된다. 이 데이터를 사용해 Structured Data를 생성하고자 Grok Pattern을 작성할 수 있다.
- **Grok Pattern:** 여기에 실제 Grok Pattern을 작성하고 샘플 데이터 값과 일치시킨다. Grok Pattern을 작성하면 Simulate 버튼을 클릭해 결과를 볼 수 있다.
- **Structured Data:** Grok Pattern이 작성되고 Simulate 버튼을 클릭하면 정규화된 데이터 텍스트 영역에서 Structured Data를 볼 수 있다. 문제가 발생하면 오류 메시지가 표시될 수 있으며, 정규화된 데이터 텍스트 영역 아래에 아무것도 표시되지 않는다.

다음과 같은 구조의 로그가 있을 때 이 페이지에서 IP 주소, 요청 방법, URL, 총 바이트 수, 지속 시간이 있는 예제를 살펴보자.

```
127.0.0.1 GET /mytestpage.php 11314 0.011
```

로그 파일에는 이러한 로그의 행 단위 항목이 있으며, 이상이 있는 경우에는 검색하거나 찾기가 매우 어렵다. 그러나 이 로그를 일래스틱서치로 푸시할 수 있으면 전체 텍스트 검색의 장점을 활용하고 상세 검색을 통해 로그 파일에서 세부 정보를 얻을 수 있다. 그렇다면 비정형 데이터에서 메서드가 GET이나 POST인지, URL이 abc.html인지 어떻게 검색할 수 있을까? 이를 위해 Structured Data를 매핑을 통해 비구조화된 데이터를 추출해야 한다.

변환을 위해 Grok Pattern을 사용하고 grok 플러그인을 로그스태시에 적용해 Structured Data를 일래스틱서치나 기타 출력 소스로 푸시할 수 있다. 이제 Grok Pattern의 예를 살펴볼 것인데, 이를 사용해 앞의 로그를 추출할 수 있다.

```
%{IP:client} %{WORD:method} %{URIPATHPARAM:request} %{NUMBER:bytes}
%{NUMBER:duration}
```

위의 표현식에서 로그 항목을 Grok Pattern과 일치시킨다. 샘플 데이터에 대해 이 패턴을 시뮬레이션하려고 하면 다음과 같은 결과가 나타난다.

```
{
    "duration": "0.011",
    "request": "/mytestpage.php",
    "method": "GET",
    "bytes": "11314",
    "client": "127.0.0.1"
}
```

이전 결과에서 구조화되지 않은 로그 항목이 구조화된 키-값 구문 분석 JSON에서 변경됐다는 것을 알 수 있다. 이러한 방식으로 키바나 Grok 디버거의 샘플 데이터에 대해 grok 패턴을 시뮬레이션할 수 있으며, 일단 작동하면 로그스태시 구성의 패턴을 사용해 패턴에 대한 실제 데이터를 처리할 수 있다.

이제 자바 애플리케이션에서 Catalina 로그와 같은 좀 더 복잡한 데이터를 가져온다.

```
2019-02-19 13:53:53.080 WARN 27408 --- [Executor-870113]
o.s.web.client.AsyncRestTemplate : Async POST request for
"https://ohionewstore.com" resulted in 401
```

앞의 샘플 데이터는 자바 애플리케이션 로그를 캡처하는 catalina.out 로그 파일에서 가져왔다. 필드의 이름을 추출해 일치시켜야 하는 부분이 서로 다르기 때문에 앞의 예제보다 복잡하다. 이전 샘플 catalina 로그 엔트리와 일치하도록 작성한 다음 패턴을 참고하자.

```
%{TIMESTAMP_ISO8601:timestamp}%{SPACE} %{LOGLEVEL:level}
%{NOTSPACE:sessionid} --- %{NOTSPACE:thread} %{NOTSPACE:source} %{SPACE}:
%{GREEDYDATA:message}
```

앞의 패턴식에서는 필드 매핑과 함께 공백과 대시(--)를 처리해 비정형 데이터를 정형화된 데이터로 추출한다. 샘플 Catalina 로그 항목에 대해 패턴을 시뮬레이션한 후에 다음과 같은 결과를 얻을 수 있다.

```
{
    "level": "WARN",
    "sessionid": "27408",
    "thread": "[Executor-870113]",
    "source": "o.s.web.client.AsyncRestTemplate",
    "message": "Async POST request for \"https://ohionewstore.com\" resulted in 401",
    "timestamp": "2019-02-19 13:53:53.080"
}
```

이런 식으로 여기에서 자체 grok 패턴을 만들 수 있으며, 일단 성공적으로 실행되면 전체 데이터 세트에 적용해 구조화된 형식으로 변환할 수 있다. 다음 화면은 Grok Pattern을 사용한 Catalina 로그 추출의 예를 보여준다.

화면에서 Sample Data 텍스트 상자 아래에 Catalina 로그 샘플 데이터를 볼 수 있고, Grok Pattern 텍스트 상자 아래에 패턴이 있다. Structured Data 텍스트 영역에서 Simulate 버튼을 클릭한 후 생성된 구조화된 데이터를 볼 수 있다. 이를 통해 데브 툴즈를 사용해 매우 중요한 작업을 쉽게 수행할 수 있다.

다음으로 타임라이온^{Timelion}을 알아보자.

▌타임라이온

일래스틱에 따르면 타임라이온은 모든 것을 위한 플러그형 시계열 인터페이스다. 따라서 타임라이온은 기본적으로 시각화 도구로 시계열 기반 데이터에서 작동하며, 시간에 대한 여러 소스의 데이터를 단일 시각적으로 표현할 수 있다.

키바나 비주얼라이즈의 경우에는 단일 시각화를 생성하기 위한 하나의 인덱스를 사용할 수 있다. 하지만 타임라이온을 사용하면 여러 개의 일래스틱서치 인덱스를 사용해 그릴 수 있다. 따라서 인덱스들 간에 유사성을 이해하거나 어떻게 인덱스들이 의존하는지를 알고 싶을 때 단일 시간 프레임에서 서로 다른 방향에서 데이터를 보기 쉽게 만들어준다.

일래스틱 스택 버전 7.x에서 기본적으로는 Timelion 링크를 이용할 수 없지만, kibana.yml 파일에서 `Timelion.ui.enabled` 옵션을 설정하면 이용할 수 있다. 왼쪽 마우스 버튼을 클릭해 나타나는 메뉴에서 Timelion 링크를 클릭함으로써 Timelion 링크를 열 수 있다. 다음 화면은 기본 Timelion 뷰를 보여준다.

위의 화면은 기본적인 타임라이온 뷰를 보여주는데, 여기서 다른 표현식을 작성할 수 있는 타임라이온 쿼리 막대를 포함한다. 기본적으로 일래스틱서치로 변환되는 .es(*)가 표시된다. 쿼리 표시줄 아래에는 시각적 형태로 표현되는 시각화가 있다. 애플리케이션 버튼이 있는데, 이를 이용해 표현식을 실행할 수 있다.

타임라이온은 간단한 표현 언어를 사용해 시계열 데이터를 검색하고 수학 계산을 수행하며, 시각화의 레이블이나 색상을 변경할 수 있는 방법을 제공한다. 타임라이온은 또한 왼쪽 상단에 도움말 링크를 제공하므로 사용할 수 있는 함수 목록과 기능을 볼 수 있는 참조 문서를 열 수 있다.

다음 화면은 타임라이온의 도움말 페이지를 보여준다.

위의 화면은 타임라이온의 Help 뷰의 기본 Function reference 탭을 보여준다. 여기에 타임라이온 표현식에서 사용할 수 있는 사용 가능한 함수 목록이 표시된다. 이러한 함수를 연결해 복잡한 시각화를 생성할 수 있으며, 동일한 플롯을 쉼표(,)로 구분해 다른 표현식을 작성할 수 있다. 이러한 방식으로 여러 도표를 사용해 시각화를 생성할 수 있다. 이 도표는 모두 시계열과 다른 데이터 세트를 나타낸다.

타임라이온의 단축키도 있다. 타임라이온의 Help 페이지에서 Keyboard tips를 클릭하면 다음 페이지가 열린다.

위의 화면은 타임라이온에서 사용할 수 있는 키보드 단축키 옵션을 보여준다. 이제 타임라이온의 다양한 기능을 다루고, 모든 비트가 타임라이온에서 쉽게 작동할 수 있는 시계열 데이터를 생성하므로 메트릭비트 데이터를 사용하는 실질적인 예제를 살펴볼 것이다. 메트릭비트는 메모리 사용량, CPU 사용량 등과 같은 시스템 메트릭에 대한 세부 정보를 제공한다. 이제 메트릭비트 데이터를 사용해 타임라이온 함수로 시각화를 생성하는 방법을 살펴보자.

.es()

.es() 함수는 일래스틱서치에서 데이터를 가져와 x축의 시간을 그리는 데 사용되는 .elasticsearch() 함수를 축약한 것이다. 일래스틱서치 인덱스에서 시계열 기반 데이터를 가져와 x축의 시간에 대해 그린다. 기본적으로 특정 인덱스 이름을 명시적으로 제공하지 않으면 일래스틱서치의 모든 인덱스를 쿼리한다.

.es() 함수는 인덱스의 문서 수를 기준으로 플롯을 표시한다. .es() 함수는 필요에 따라 함수에 전달할 수 있는 다른 매개변수를 지원한다. 각 매개변수는 매개변수의 이름을 제공하지 않는 경우 따라야 하는 사전 정의된 형식을 갖는데, 그렇지 않으면 .es() 함수는 매개변수를 인식할 수 없다. .es() 함수의 경우 다음과 같은 매개변수가 있다.

- **q**: q 매개변수를 제공함으로써 데이터를 필터링하기 위한 쿼리 문자열을 추가할 수 있다.
- **index**: index 매개변수를 제공함으로써 데이터 플롯에 사용될 인덱스 패턴의 이름을 지정할 수 있다. 이 매개변수를 생략하면 일래스틱서치는 모든 인덱스 패턴에 대한 데이터를 가져온다.
- **metric**: 측정 항목 매개변수를 제공하면 합계, 최솟값, 최댓값, 백분위수 등의 다양한 측정 항목을 모든 입력란에 적용할 수 있다. 메트릭 이름 뒤에 필드 이름(예, sum : system.memory.used.bytes)을 제공해야 한다.
- **split**: split 매개변수를 사용해 제한을 두고 필드를 분할할 수 있다. 예를 들어 상위 5개의 호스트 이름을 표시하려면 hostname : 5를 제공해야 한다.

- **offset:** offset 매개변수를 제공하면 예를 들어 차트에 지난 5일 동안의 데이터를 표시하려는 경우에 오프셋을 기반으로 데이터를 검색할 수 있다. 지난 5일의 데이터를 표시하려면 오프셋에 **-5d** 값을 제공해야 한다.
- **fit:** fit 매개변수는 평균, 가장 가까운, 없음 또는 스케일 등과 같은 여러 옵션을 사용해 빈값을 맞출 수 있는 알고리즘을 제공한다.
- **timefield:** .es() 함수는 인덱스의 기본 시간 필드를 선택하는데, x축에 사용할 시간 필드 매개변수를 제공해 변경할 수 있다.

다음과 같은 방법으로 메트릭비트 인덱스 데이터를 구성하고 지난 35분 동안의 데이터를 그릴 수 있다.

```
.es(q=*, index=metricbeat*, timefield=@timestamp, offset=-35m)
```

앞의 표현식에서 .es() 함수는 다음과 같은 4개의 매개변수를 사용했다.

- 모든 것을 대응하기 위한 q
- metricbeat 인덱스만을 가져오기 위한 index
- 시간 필드로 @timestamp를 선택하기 위한 timefield
- 지난 35분 동안의 데이터를 보여주기 위한 offset

다음 화면은 이 표현식의 결과를 보여준다.

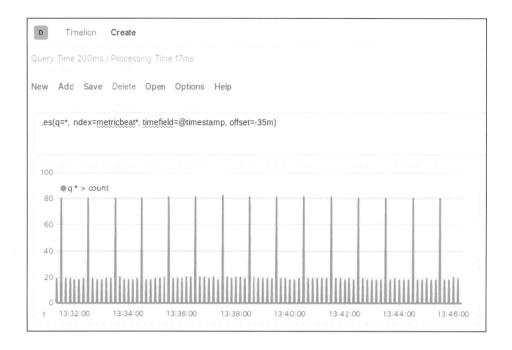

위의 화면은 .es() 함수를 사용해 만든 시각화를 보여준다. 시각화가 생성되면 모든 타임라이온 시각화를 저장하는 것과 같은 방식으로 페이지 왼쪽 상단의 Save 링크를 클릭해 시각화를 저장할 수 있다.

Options 링크를 사용해 페이지에서 행과 열 수를 설정할 수 있다. Add 링크를 사용해 시각화와 함께 하나 이상의 타임라이온 쿼리 텍스트 상자를 추가할 수 있다. Open 링크를 사용해 이미 저장된 타임라이온 시각화를 열 수 있다.

.label()

.label() 함수를 연결해 계열의 레이블을 추가하거나 변경할 수 있다. 백분율을 사용하면 기존 레이블의 참조를 얻을 수 있다. 기본적으로 타임라이온은 주어진 표현식을 선택해 시각화에 레이블을 표시하는데, 어떤 경우에는 그래프에서 이해하기가 어려울 수 있다. 이러한 상황을 해결하고자 시계열에 의미 있는 레이블을

추가하는 것이 중요하므로 .label() 함수를 사용한다. 다음 표현식을 사용해 모든 시계열에 레이블을 추가할 수 있다.

```
.es(q=*, index=metricbeat*, timefield=@timestamp,
offset=-35m).label('metricbeat 35 minutes old data')
```

앞의 표현식에서 label을 이전의 .es() 표현식에 추가한다.

.color()

.color() 함수를 적용하면 모든 시계열의 색상을 변경할 수 있다. 앞의 .es() 표현식에서 .color() 함수를 적용해 메트릭비트 계열의 색상을 녹색으로 변경할 수 있다. 타임라이온은 다른 표현식에 다른 색상을 자동으로 적용하며, 요구 사항에 따라 .color() 함수를 사용해 해당 색상을 변경할 수 있다. 이전 타임라이온 시각화의 색상을 변경한 다음 화면을 참고하면 된다.

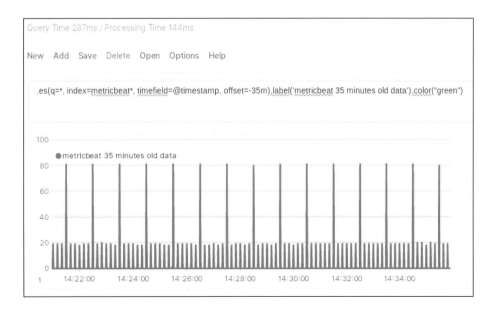

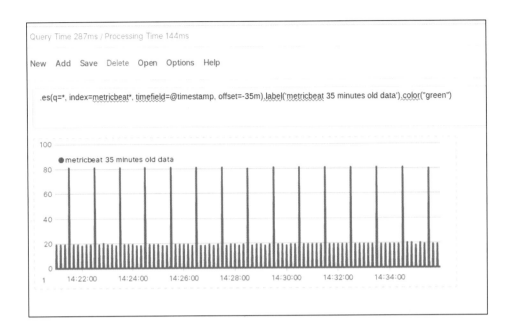

위의 화면에서 타임라이온의 .color() 함수를 녹색으로 적용한 후 범례 색상이 녹색으로 바뀌었음을 알 수 있다.

.static()

.static() 함수를 사용하면 주어진 값으로 차트에 수평선을 그릴 수 있는데, 이 선을 사용해 그래프에 임곗값을 표시할 수 있다. 레이블 방법을 사용해 그래프의 추가된 구성에 레이블을 추가할 수 있다. 다음 표현식에서는 임곗값을 표시하고자 .static() 함수를 추가한다.

```
.es(index=metricbeat*, metric=count:event.duration), .static(50, "Threshold
Value").color('red')
```

앞의 표현식에서는 임곗값을 빨간색(red)으로 표시하고자 선을 추가했다. 이 값은 50으로 설정되며, 이 방법으로 임곗값에 따른 event.duration 카운트 값을 확인할 수 있다. 다음 다이어그램은 선을 빨간색으로 보여준다.

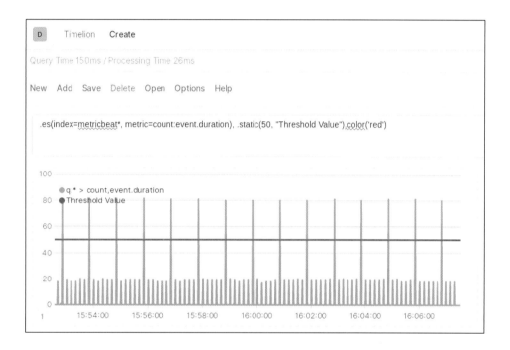

위의 화면에서 임곗값에 따른 그래프를 쉽게 확인할 수 있다. 이 값은 빨간색으로 표시되고, 매우 편리하며 차트에 쉽게 추가할 수 있다.

.bars()

.bars() 함수를 사용해 동일한 시계열 데이터로 차트를 선 유형에서 막대 유형 표현으로 변환할 수 있다. 표현식은 다음과 같다.

```
.es(index=metricbeat*, metric=count:event.duration).bars().label('event
duration'), .static(50, "Threshold Value").color('red')
```

앞의 표현식에서 .es() 함수 뒤에 .bars() 함수를 연결해 막대 차트로 변환한다. 다음 화면에서 첫 번째 표현식 끝에 .bar() 함수를 연결해 메트릭비트 데이터 라인의 뷰를 막대로 변경했다.

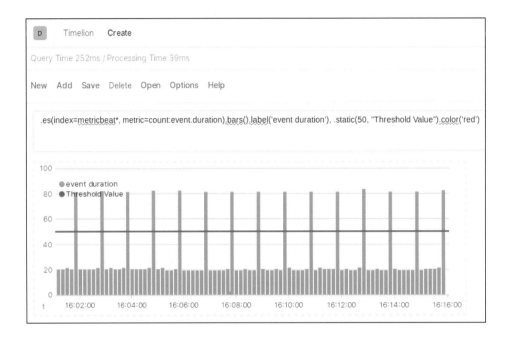

위의 화면에서 동일한 메트릭비트 데이터가 꺾은 선형 차트에서 막대형 차트로 변환된 것을 볼 수 있다. .bars() 함수를 모든 타임라이온 표현식에 연결해 막대 차트로 변환할 수 있다.

.points()

.bars() 함수와 마찬가지로 .points() 함수를 사용해 선 계열 대신 차트 계열 표시를 점으로 변경할 수 있다. 이 기능은 사용하기 쉽고 매우 편리하며, 언제든지 차트 표시를 되돌리고자 교체하거나 제거할 수 있다. 표현식은 다음과 같다.

```
.es(index=metricbeat*, metric=count:event.duration).points().label('event
duration'), .static(50, "Threshold Value").color('red')
```

앞의 표현식에서 .es() 함수 뒤에 .points() 함수를 추가했다. 위의 표현식을 실행하면 다음 화면이 표시된다.

위의 화면에서 포인트 유형 디스플레이와 동일한 차트를 볼 수 있다. 차트가 요약돼 있고 시작 지점과 끝 지점만 표시하기 때문에 이해하기 어려운 경우 포인트 유형 차트를 사용할 수 있으므로 차트 표시가 더욱 명확해진다.

.derivative()

.derivative() 함수는 시간에 따른 값의 차이를 표시하는 데 사용된다. 곡선의 기울기인 시계열의 미분 값을 보여준다. 다른 함수에서 본 것처럼 .derivative() 함

수를 기존 함수와 연결해야 한다.

다음 화면은 event.duration 필드 수에 대한 메트릭비트 데이터의 시계열 미분 값을 보여준다.

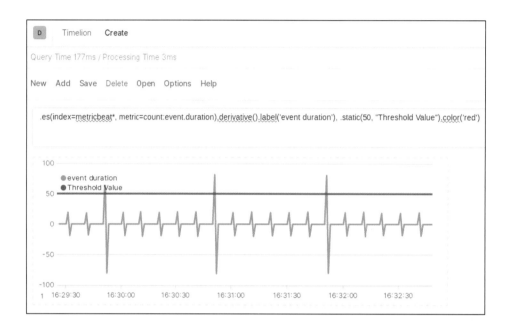

위의 화면에서 .es() 표현식 값의 미분을 볼 수 있다. 이런 방식으로 .derivative() 함수를 특정 표현식의 미분 값을 표시하는 함수에 적용할 수 있다.

.holt()

.holt() 함수는 기본적으로 연속적인 데이터를 처음부터 샘플링한 다음 다른 선택적 매개변수를 사용해 연속적인 데이터의 향후 추세를 예측한다. 이 방법은 이상 탐지에도 사용할 수 있다. alpha와 같은 다른 매개변수가 있으며, 0에서 1 사이의 범위다. alpha 값을 높이면 새 범례나 계열이 원래 계열을 따르고 alpha 값을 낮추면 계열이 더 부드러워진다.

그런 다음 0에서 1까지의 beta 값이 나오며, 증가하면 상승/하강 라인이 길어지고 beta 값을 줄이면 새로운 트렌드를 빠르게 배울 수 있다. beta 후에는 0에서 1까지의 감마가 있으며, 증가하면 최근의 이유에 더 중점을 준다. 이를 낮추면 과거 데이터에 대한 중요성을 높이는 것과 비슷한 최근의 연속적인 데이터에 대한 중요성이 줄어든다.

그 후 1주일 동안 1w와 같이 반복적으로 duration을 제공할 수 있다. 시즌을 제공하는 경우 데이터 샘플링을 위해 선택할 시즌 수를 설정하는 샘플인 마지막 매개변수도 설정할 수 있다. 다음 표현식은 간단한 .holt() 함수 구현을 보여준다.

```
.es(index=metricbeat*, metric=count:event.duration).label('event
duration').holt(0.1,1), .static(50, "Threshold Value").color('red')
```

앞의 표현식에서 .es() 함수 뒤에 .holt() 함수를 추가해 추세를 확인했다. 다음 화면은 위의 표현식을 사용해 생성된 실제 차트를 보여준다.

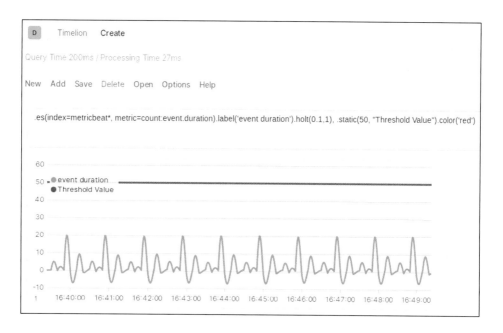

앞의 화면에서 차트의 부드러운 표현 형태로 현재 추세를 볼 수 있다.

.trend()

데이터의 추세가 무엇인지 확인하려면 회귀 알고리즘을 사용해 추세에 대한 그림을 만드는 .trend() 함수를 적용할 수 있다. 데이터 추세를 설명하고자 메트릭비트의 system.process.memory.size 필드의 합계 메트릭을 사용할 것이다. 따라서 이전 계열에 추세를 적용하려면 다음과 같은 표현식에 .trend() 함수를 적용해야 한다.

```
.es(index=metricbeat*, metric=sum:system.process.memory.size ).label('system
process memory size').trend()
```

앞의 표현식을 실행한 후에 기록을 기반으로 데이터 추세를 보여주는 추세 도표를 얻을 수 있다. 다음 화면은 계열의 현재 추세를 보여주는 구성을 보여준다.

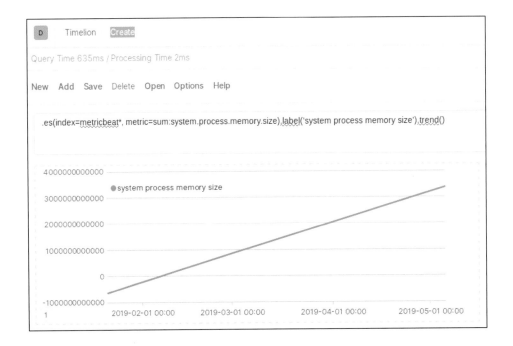

앞의 그래프는 지난 15주 동안 증가하는 데이터 추세를 보여준다. 이 추세는 표현식을 .trend() 함수와 연결해 모든 데이터 계열에 따라 만들 수 있다.

.mvavg()

그래프에 많은 최고치가 발생하면 데이터 계열이 어떻게 그려지는지에 대한 아이디어를 얻는 것은 매우 어렵다. 이러한 종류의 문제를 해결하고자 이동 평균 함수를 사용하면 일정한 시간 간격으로 계열의 평균을 계산한 다음, 계산된 값을 기준으로 차트를 그릴 수 있다. 다음 예제를 살펴보자.

```
.es(index=metricbeat*, metric=sum:system.process.memory.size).label('system
process memory size')
```

앞의 표현식을 사용해 system.process.memory.size 필드의 합계에 대한 메트릭을 정리해 다음과 같은 차트를 만든다.

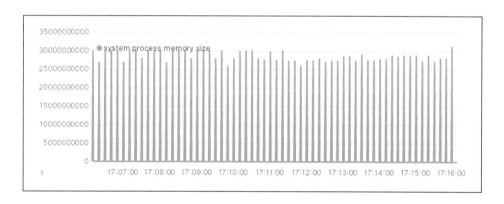

위의 화면은 system.process.memory.size 필드의 합계에 대한 그래프를 보여주지만, 이 그래프에는 최고치들이 많기 때문에 이해하기가 어렵다. 이 문제를 해결하려면 이동 평균을 표현식에 적용해 그래프를 좀 더 부드럽게 만든다.

표현식은 다음과 같다.

```
.es(index=metricbeat*, metric=sum:system.process.memory.size).label('system
process memory size').mvavg(30s)
```

앞의 표현식에서 .mvavg() 함수를 매개변수로 30초로 연결하고 30초마다 평균을 이동해 생성한다. 위의 표현식을 실행하면 다음 차트가 표시된다.

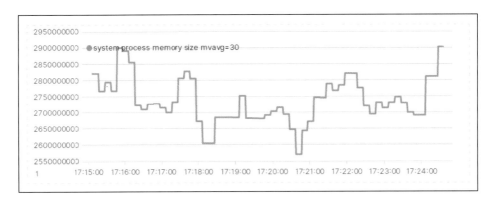

위의 화면은 이동 평균 30초를 적용한 후의 차트다. 이 차트는 이해하기 쉽고, 같은 방식으로 기존 평균에 이동 평균을 적용할 수 있다.

이런 방식으로 타임라이온 함수를 사용하고 원하는 결과를 얻고자 함께 연결할 수 있으며, 이는 여기서 다뤘던 중요한 기능 중 일부였다. 그 외에도 Timelion 페이지의 Help 옵션에서 참고할 수 있는 다른 기능이 많다. 타임라이온의 또 다른 중요한 측면은 동일한 데이터 시각화 그래프에서 현재 데이터를 이전 데이터와 비교하는 것이다.

타임라이온의 사용 사례

키바나 타임라이온의 사용 사례는 여러 가지가 있지만, 여기서는 데이터 계열의 변형을 확인하려는 경우를 설명하겠다. 무슨 일이 일어나고 있는지 알고 싶다면 현재와 2분 전의 데이터를 같은 프레임에 놓고 편차를 확인해야 한다. 변형을 식별하는 매우 쉬운 방법을 제공하며, 이를 위한 표현식은 다음과 같다.

```
.es(index=metricbeat*, metric=sum:system.process.memory.size).label('system
process memory size').color(green).mvavg(10s).label('current data') ,
.es(index=metricbeat*, metric=sum:system.process.memory.size,
offset=-2m).label('system process memory
size').color(blue).mvavg(10s).label('2 min old data')
```

앞의 표현식에서 동일한 필드를 나타내는 두 개의 .es() 함수 세트인 system.process.memory.size를 사용하고 있다. 첫 번째 데이터는 현재 데이터를 표시하고 두 번째 데이터는 -2m 값으로 오프셋 매개변수를 전달한 2분짜리 데이터를 표시한다. 또한 서로 다른 색상을 사용해 서로 차별화하고 있다. 첫 번째 데이터 세트에는 녹색을 사용하고 두 번째 데이터에는 파란색을 사용한다.

이전 표현식의 출력을 보여주는 다음 화면을 참고한다.

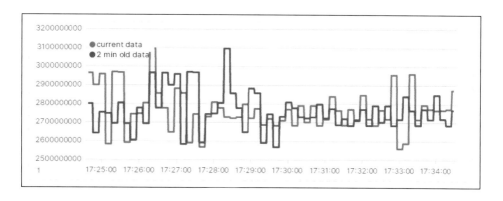

앞의 화면에서 녹색은 현재 데이터를 나타내고 파란색은 2분 전의 데이터를 나타낸다. 이 차트를 사용하면 언제라도 쉽게 차이를 확인할 수 있다. 이는 단일 유형의 데이터뿐만 아니라 다른 유형의 데이터도 동일한 시간 프레임에 대해 표시될 수 있으므로 유용하다.

▌요약

5장에서는 키바나에서 매우 유용한 도구인 데브 툴즈와 타임라이온을 설명했다. 먼저 여러 가지 작업을 수행할 수 있는 데브 툴즈로 시작했다. 그런 다음 콘솔과 같은 데브 툴즈의 다양한 옵션을 사용해 일래스틱서치 쿼리를 실행하고 동일한 페이지에서 응답을 얻었다. 또한 쿼리 구성 요소에 대한 세부 정보를 가져와 일래스틱서치 쿼리를 프로파일링할 수 있는 검색 프로파일러를 다뤘다.

Grok 디버거에서는 구조화되지 않은 샘플 데이터가 구조화된 데이터로 변환된 샘플 데이터를 구문 분석하고자 grok 패턴을 작성했다. 이렇게 구조화된 데이터를 데이터 분석이나 시각화에 사용했다.

데브 툴즈를 알아본 후 타임라이온을 알아보고 타임라이온에서 사용할 수 있는 다양한 기능을 다뤘다. 일래스틱서치 데이터 소스를 설정하는 .es() 함수와 마찬가지로 인덱스, 메트릭, 분할, 오프셋, 맞춤, 시간 필드 등과 같은 여러 매개변수가 있었다.

그런 다음 데이터 계열의 레이블을 설정하는 .label(), 플롯의 색을 변경하는 .color(), x축에 선을 작성하는 .static()과 .points() 그래프를 포인트로 변환한다. 그 후 시간에 따른 값의 차이를 나타내는 .derivetive() 함수와 미래의 추세를 예측하거나 데이터에서 이상 탐지용 .holt() 함수를 설명했다. 또한 데이터 추세를 알고자 .trends() 함수와 표현식에 이동 평균을 적용하는 .mvavg() 함수를 다뒀다. 마지막으로 x축의 같은 시간 구간에서 현재 연속된 데이터를 2분짜리 연속된 데이터와 비교하는 차트를 만들었다.

6장에서는 키바나의 그래프와 공간을 다룬다. 그래프를 사용하면 데이터 세트에서 유사점을 찾을 수 있고 공간을 사용하는 동안 다른 사용자를 위한 별도의 공간을 만들 수 있을 것이다.

06

키바나에서 공간과 그래프 탐색

6장에서는 역할 기반 접근 제어를 통해 저장된 객체, 대시보드, 시각화를 구성하는 데 사용할 수 있는 키바나 스페이스 사용을 알아본다. 키바나 스페이스space는 최종 사용자를 위해 안전하고 잘 관리되는 대시보드, 시각화, 저장된 개체를 배열하는 데 도움을 준다. 기본적으로 키바나는 기본 공간으로 알려진 공간을 제공하는데, 이러한 공간을 생성, 편집, 삭제, 사용자 정의할 수 있다. 공간이 생성되면 사용자가 자신의 공간을 보고 해당 공간 내의 사물에 접근할 수 있도록 사용자 접근을 제공한다.

이어서 키바나 그래프를 알아보고 일래스틱서치 인덱스 항목이 서로 어떻게 관련되는지 살펴본다. 특히 인덱스 용어가 어떻게 연결되고 어떤 연결이 더 의미가 있는지 알아보고, 권장 엔진과 사기 탐지 같은 다양한 사용 사례에 키바나 그래프를 사용한다. 여기서 그래프는 본질적으로 인덱스에서 관련된 용어를 탐색할 수 있는 네트워크 형태다.

6장에서 다루는 내용은 다음과 같다.

- 키바나 스페이스
- 공간 생성
- 공간 수정
- 공간 삭제
- 공간 간에 변환
- 키바나 그래프 생성
- 공간 간에 저장된 객체를 사용한 관계 분석
- 공간 접근 제한
- 키바나 그래프
- 산업 그래프 데이터베이스와의 차이점
- 개선된 그래프 탐색

▌키바나 스페이스

키바나 스페이스를 사용하면 저장된 객체와 대시보드를 별도의 공간 형태로 분류해 구성할 수 있다. 이 공간은 다른 사용자를 위해 물건을 분리하는 옵션을 제공한다. 공간을 만들면 키바나는 로그인할 때 사용할 공간을 선택하라는 메시지를 표시한다. 공간 내부를 탐색한 후 저장된 객체, 대시보드 등을 볼 수 있으며, X-Pack에서 보안 기능을 사용해 다른 사용자 역할을 위한 공간에 특정한 접근을 제공할 수 있다. 공간은 키바나에서 기본적으로 활성화돼 있고, 키바나 설정에서 `xpack.spaces.enabled` 옵션을 사용해 `false`로 변경해 공간을 비활성화할 수 있다. 키바나는 삭제할 수 없는 기본 공간을 생성하지만 요구 사항에 따라 사용자 정의할 수 있다. Management 페이지에서 키바나 스페이스를 관리할 수 있다. Management 페이지에서 Spaces 탭을 클릭하면 다음 페이지가 열린다.

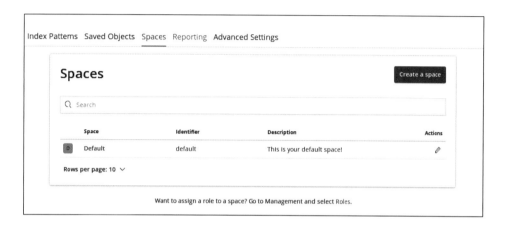

위의 화면은 사용 가능한 공간, 편집 옵션, 새 공간을 만드는 버튼이 나열된 기본 키바나 Spaces 페이지다.

공간 생성

사용자가 보거나 접근할 수 있는 것을 제한할 수 있는 새로운 공간을 만드는 방법을 살펴보자.

1. Management의 Spaces 페이지에서 Create a space 버튼을 클릭해 공간을 만들면 다음 페이지가 열린다.

Create a space

Name

Awesome space

URL Identifier[edit]

The URL identifier is generated from the space name.

If the identifier is **engineering**, the Kibana URL is
https://my-kibana.example/**s/engineering/**app/kibana.

Description (optional)

This is where the magic happens.

Create space   Cancel

위의 화면은 새 공간을 만드는 데 사용할 수 있는 Create a space 페이지로, 여기서 Name, URL Identifier, Description 정보를 입력해야 한다.

2. 세부 사항들이 채워지면 Create space 버튼을 클릭해 공간을 만들 수 있다. 다음 화면은 Create a space 양식을 보여준다.

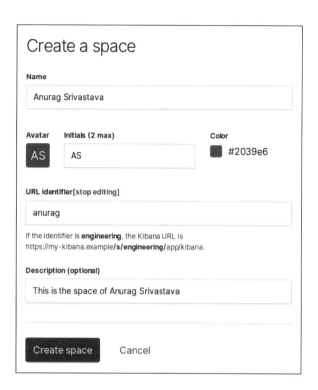

위의 화면에서 Name을 추가했다. Avatar를 편집하는 옵션에서는 표시할 두 문자와 배경색을 선택할 수 있다.

3. 다음으로 요구 사항에 따라 수정할 수 있는 URL Identifier와 페이지 하단에 공간 설명을 추가할 수 있는 Description이 있다.

4. Create space 버튼을 클릭하면 다음 화면과 같이 이 공간을 절약하고 Spaces 페이지에 나열된 공간을 볼 수 있다.

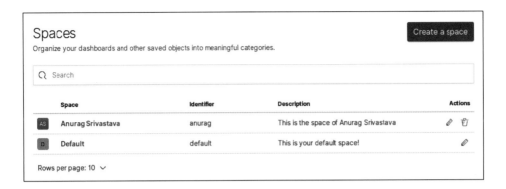

위 화면은 공백 목록으로, 여기서 Space 이름, Identifier, Description, Actions 를 볼 수 있다. Actions 아래에는 공간을 편집하고 삭제하는 옵션도 있다. 삭제 옵션은 키바나의 기본 공간을 삭제할 수 없으므로 생성한 공간에만 해당된다.

공간 수정

공간이 만들어지면 공간을 편집해 Name, Avatar, Description을 수정할 수 있지만 URL Identifier는 편집할 수 없다. 세부 사항을 변경한 후 Update space 버튼을 클릭 해 세부 사항을 업데이트한다. 다음 화면은 세부 정보를 업데이트할 수 있는 Edit space 페이지를 보여준다.

Edit spaces 페이지에서 Name, Avatar, Description이 편집됐음을 알 수 있다. 이런 방식으로 공간을 만든 후 모든 공간을 수정할 수 있다.

공간 삭제

공간을 만드는 방법과 공간을 수정하는 방법을 살펴봤으니 이제 키바나에서 공간을 삭제하는 방법을 알아보자. 공간을 삭제하는 방법으로는 두 가지가 있다. 첫째, Spaces 목록 페이지로 이동한 다음 공간 행 옆에 있는 삭제 아이콘을 클릭한다. 둘째, Edit spaces 페이지로 이동해 **Delete space** 버튼을 클릭한다. 두 페이지 중 하나에서 삭제 버튼을 클릭하면 다음과 같은 팝업 메시지가 나타난다. 공백 삭제를 확인하려면 공백 이름을 다시 입력해야 한다.

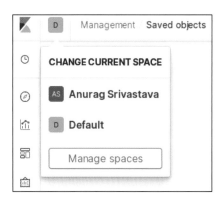

Delete space 'Anurag Srivastav' ×

Deleting a space permanently removes the space
and **all of its contents**. You can't undo this action.

Confirm space name

Cancel   Delete space and all contents

위의 화면에서 볼 수 있듯이 공간 삭제 확인 페이지에 이 메시지 아래의 텍스트 상
자에 공백 이름을 입력해 공간 이름을 확인하라는 메시지가 표시된다. 공간 이름
을 입력한 후 Delete space and all contents 버튼을 클릭해 공간을 삭제할 수 있다.

공간 간에 변환

페이지 왼쪽 상단의 현재 공간 아이콘을 클릭해 생성된 공간을 전환할 수 있다.
현재 공간 아이콘을 클릭하면 CHANGE CURRENT SPACE 팝업 창이 열린다. 여기
에서 전환하려는 공간을 클릭하면 다음과 같은 화면을 볼 수 있다.

앞의 화면에서 두 개의 다른 공간을 볼 수 있는데, 여기에서 공간을 클릭해 불러올 수 있다. 공백 이름을 추가해 키바나 URL(예, hostname/s/SPACE-NAME/app/)을 변경한다.

공간 간에 저장된 객체 사이 이동

지금까지 키바나에서 공간을 생성, 수정, 삭제, 전환하는 방법을 배웠다. 이제 저장된 객체를 한 공간에서 다른 공간으로 어떻게 이동할 수 있는지 살펴본다. 이를 위해 키바나의 Import/Export UI를 사용해 저장된 객체를 한 공간에서 내보낸 다음 다른 공간으로 가져와야 한다. 공간에서 저장된 객체를 내보내려면 다음 단계를 따라 한다.

1. 마우스 왼쪽 버튼을 클릭해 나타난 메뉴에서 Management 링크를 클릭하고 키바나 아래에서 Saved Objects를 클릭한다. 그러면 저장된 객체 목록이 열린다.

2. 내보내려는 저장된 객체를 선택한 다음 Export 버튼을 클릭하면 내보낸 JSON 파일이 저장된다.

3. 내보낸 저장된 객체를 가져올 공간으로 전환한 다음 동일한 Saved Objects 페이지로 이동한다.

4. 페이지 오른쪽 상단에서 Import 링크를 클릭한다. Import saved objects 팝업이 열린다.

5. Import 링크를 클릭하고 내보낸 JSON 파일을 선택한다. 그 후 Automatically overwrite all saved objects? 옵션을 활성화하거나 비활성화한다.

6. Import 버튼을 클릭해 저장된 객체를 가져온다.

7. 저장된 객체를 가져오고 가져온 총 객체 수와 함께 성공 메시지가 표시된다.

8. Done 버튼을 클릭하면 가져온 모든 저장된 객체를 볼 수 있다.

이런 식으로 저장된 객체를 한 공간에서 다른 공간으로 옮길 수 있다.

공간 접근 제한

공간을 만들고 저장된 객체를 한 공간에서 다른 공간으로 옮기는 방법을 배웠다.
그러나 공간의 주요 기능은 사용자를 자신의 공간으로 제한하는 것이다. 이제 키
바나에서 사용자가 자신의 공간에서 작업하도록 제한하는 방법을 살펴보고, 사
용자가 볼 수 있는 항목들을 구성해보자. 이를 위해서는 여러 단계가 필요하다.
예를 들어 먼저 해당 공간에 원하는 접근 권한을 제공하는 역할을 작성해야 한다.
그런 다음 해당 역할을 사용자에게 할당해야 한다. 공간 anurag srivastava를 작성
하고 호출했으므로 역할과 사용자를 작성하고 해당 사용자를 제한하는 방법을
설명한다.

공간에 대한 접근을 제공하는 역할 생성

지금까지 공간을 작성하고 수정하고 삭제하는 방법을 배웠다. 그러나 공간에 대
한 역할 기반 접근을 제공하지 않는 한 이러한 사항은 관련이 없다. 역할 기반 접근
을 사용해 다른 역할을 통해 다른 사용자의 접근을 제한할 수 있다. 보안 기능은
일래스틱 7.1 이상에서 무료로 제공되지만 이전 버전의 경우 X-Pack을 활성화해
야 한다. 단일 공간에 대한 접근을 제한하는 역할을 만들려면 다음 단계를 따라
한다.

1. 마우스 왼쪽 버튼을 클릭해 메뉴에서 Management 링크를 클릭한다. 그런
   다음 Management 페이지에서 Security의 Roles 링크를 클릭하면 Create
   role 페이지가 열린다. 다음 링크의 화면을 참고한다.

https://github.com/PacktPublishing/Learning-Kibana-7-Second-Edition/tree/master/Images

링크에 제공된 이미지에서 페이지는 주로 세 개의 섹션으로 그룹화돼 있음을 알 수 있다. 첫 번째는 Role name을 포함하고, 두 번째는 일래스틱서치 옵션을 설정하는 데 사용되고, 세 번째는 다른 접근을 위해 키바나 옵션을 설정하는 것이다.

2. 역할 이름을 제공한다. 예를 들면 anurag_space를 제공하고 일래스틱서치 섹션을 그대로 둔다.

3. 키바나 섹션에서 Minimum privileges for all spaces를 none으로 설정한다.

4. Higher privileges for individual spaces 아래, 공간 드롭다운 메뉴에서 공간 이름을 설정하고(예, Anurag Srivastava) Privilege 드롭다운 메뉴에서 all을 선택한다. 거기에서는 all, none, read 옵션을 설정할 수 있다.

5. 공간을 위해 현재 접근 설정을 보고자 View summary of spaces privileges 링크를 클릭하면 다음과 같은 화면을 확인할 수 있다.

앞의 화면에서 Anurag Srivastava 공간의 경우 모든 권한이 있음을 알 수 있다. Default 공간의 경우 권한 설정이 none으로 설정돼 있다. 확인 후 Create role 버튼을 클릭해 역할을 저장할 수 있다. 이런 방식으로 공간마다 다른 접근 설정을 제공해 역할을 만들 수 있다.

사용자 생성과 공간 접근 역할 지정

공간 접근 권한이 있는 역할을 작성했으므로 이제 사용자를 생성하고 역할을 지정해 사용자가 단일 공간에만 접근하도록 제한할 수 있다. 사용자를 만들려면 다음 단계를 따라 한다.

1. Management 페이지에서 Security 옵션 아래 Users 옵션을 클릭하면 Users 페이지를 열 수 있다.
2. Create new user 버튼을 클릭하면 New user 형식을 열 수 있다.
3. Username, Password, Confirm password, Full name, Email address 상세 정보를 채운다.
4. Roles 출력 화면에서 Anurag_space와 같은 생성된 역할을 선택한다.

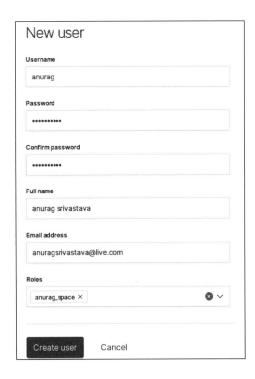

화면에서 Create user 형식을 확인했다. 여기에서 기본 사용자에게 할당된 역할과 함께 세부 사항들을 제공한다. anurag_space라는 단일 역할을 가진 사용자를 생성해 사용자가 키바나에서 단일 공간에만 접근할 수 있게 한다.

5. 사용자를 생성하기 위한 Create user 버튼을 클릭한다.

6. 버튼을 클릭하면 사용자가 생성된 다음 새로 만든 사용자를 볼 수 있는 사용자 목록 페이지로 되돌아간다.

7. 사용자가 생성됐고 이를 검증하고자 새로운 사용자를 사용해 로그인한다.

공간 접근 제한

키바나 스페이스는 저장된 객체나 인덱스를 사용자를 위해 다른 공간에서 분리할 수 있도록 구성한다. 일반 또는 기본 사용자 로그인의 경우 키바나는 다음과 같이 접근할 공간을 선택하도록 요청한다.

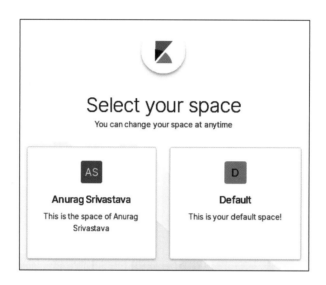

위의 화면은 로그인 후 기본 일래스틱 사용자를 보여준다. 여기서 계속 진행하려면 공간을 선택해야 한다. 그러나 새로 생성된 사용자에게 anurag_space 역할을 할당했으므로 이 역할은 단일 공간(anurag srivastava)에만 접근할 수 있다. 이제 이 새로운 사용자를 통해 로그인을 시도해보자. 로그인하면 공간을 선택하는 옵션 대신 키바나 메인 페이지가 표시된다. 왼쪽 상단의 기본 공간 아이콘을 클릭하더라도 사용 가능한 다른 공간으로 전환하는 옵션이 표시되지 않는다.

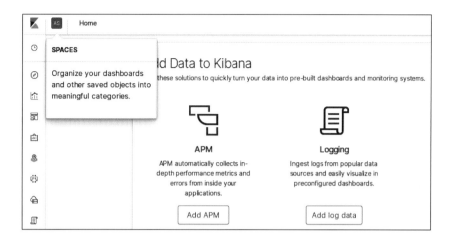

위의 화면은 키바나 역할을 통해 단일 공간에만 접근할 수 있는 사용자의 기본 뷰를 보여준다. 이러한 방식으로 역할을 통해 다른 공간에 대한 접근을 사용자 정의한 다음 해당 역할을 기존 또는 신규 사용자에게 할당할 수 있다. 저장된 객체가 다르지만 다른 사용자가 다른 사용자와 공유할 수 없는 다른 저장된 객체가 필요한 경우를 예로 들어 설명한다. 공간과 역할 기반 접근을 사용해 이를 쉽게 구성할 수 있고, 공간 내부에 대시보드를 만들어 공간 외부에서 대시보드를 보호할 수 있다.

▎ 키바나 그래프

일래스틱 그래프에는 일래스틱서치의 새로운 API와 키바나의 새로운 UI가 제공돼 데이터 탐색에 대한 완전히 다른 접근 방식을 제공한다. 값 집계 각도를 통해 데이터를 처리하고 패턴을 검색하고 필터링해 데이터 범위를 좁히는 대신 그래프를 사용하면 정점(일래스틱서치에서 인덱스화된 용어)과 연결(인덱스에서 용어를 공유하는 문서 수)을 사용해 중요한 관계를 연결한다.

산업 그래프 데이터베이스와의 차이점

일부 그래프 기술에서 검색 결과는 레코드의 인기도를 기준으로 한다. 즉, 사람과 사람이 듣는 것을 설명하는 음악 데이터를 가져온 다음 관련 아티스트를 찾고자 Mozart를 검색하려고 하면 다음과 같은 결과가 나타난다. 간단하게 설명하고자 결과 상자를 녹색의 상자 형태로 관련 아티스트와 함께 표시했다. 녹색 상자가 클수록 아티스트가 더 인기 있다는 것을 의미한다. 검색 예제에서 첫 번째 행은 당연히 Mozart고, Coldplay, The Beatles를 찾은 다음 끝의 어딘가에 Bach가 있다.

Coldplay와 The Beatles는 데이터 세트에서 매우 인기가 있으며, 모든 단일 그래프 탐색에 나타날 가능성이 높다. 그러나 그들의 인기는 우리가 찾고 있는 신호, 즉 Mozart와 관련된 클래식 음악 예술가를 상대적으로 연하게 보이게 한다. 이는 소음을 만드는 것과 같다. 데이터 점들은 2번 이상 떨어져 있지 않기 때문에 **강력하게 연결된 엔티티**super-connected entities라고 한다. 다음 다이어그램에서 볼 수 있듯이 데이터 점들은 항상 강력하게 연결된 엔티티와 닿는다.

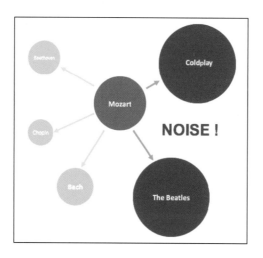

일반적으로 그래프를 그리는 기술에는 이러한 기술들이 포함된다. 연관성과 결과의 중요성을 계산하는 것은 일래스틱 그래프의 중요한 역할이다.

일래스틱서치 인덱스에 용어를 던지면 자연스럽게 가장 흥미로운 데이터를 알고 그래프를 작성하는 데 활용한다.

일래스틱서치는 연결의 강도/관련성을 보여주고자 많은 문서를 통해 보강하는 방법을 찾는다.

키바나 그래프 생성

키바나 그래프를 사용해 서로 다른 일래스틱서치 인덱스 항목이 어떻게 연결돼 있는지 확인할 수 있다. 또한 인덱스된 용어가 어떻게 연결돼 있고 어떤 연결이 더 강력한지도 확인할 수 있다. 키바나 그래프를 통해 사물 추천이나 사기 탐지와 같은 다양한 문제를 해결할 수 있다.

그래프는 본질적으로 인덱스에서 관련 용어를 찾는 데 사용할 수 있는 네트워크 형태다. 그래프에 추가하는 각 용어를 정점vertices이라고 하며 두 정점 간의 연관을 연결connection이라고 한다. 다른 필드를 정점으로 추가하고 다른 색상과 아이콘으로 사용자 정의해 그래프를 읽기 쉽게 만들 수 있다. 또한 모든 정점을 추가한 후 검색 기준을 입력해 정점 간의 연결을 그래프 뷰 형식으로 생성할 수 있는 검색 상자도 있다. 이제 일래스틱서치 인덱스에서 그래프 분석을 수행하는 방법을 살펴보자. 이를 사용해 일래스틱서치 인덱스의 다른 용어 간의 연결을 탐색할 수 있다. 여기에 서는 Data.gov 웹 사이트(https://catalog.data.gov/dataset/most-popular-baby-names-bysex-and-mothers-ethnic-group-new-york-city-8c742)에서 가져온 인기 있는 아기 이름 데이터를 예로 설명한다. 공개된 데이터이므로 자유롭게 다운로드해 사용할 수 있다.

데이터의 형식은 `Year of Birth`, `Gender`, `Ethnicity`, `Child's First Name`, `Count`, `Rank`를 포함한다. 다음의 예는 실제 CSV 데이터를 보여준다.

Year of Birth	Gender	Ethnicity		Child's First Name
Count	Rank			
2016		FEMALE	ASIAN AND PACIFIC ISLANDER	Olivia
172	1			
2016		FEMALE	ASIAN AND PACIFIC ISLANDER	Chloe
112	2			
2016		FEMALE	ASIAN AND PACIFIC ISLANDER	Sophia
104	3			
2016		FEMALE	ASIAN AND PACIFIC ISLANDER	Emily
99	4			
2016		FEMALE	ASIAN AND PACIFIC ISLANDER	Emma
99	4			

앞의 데이터 세트에는 Data.gov 웹 사이트에서 인기 있는 아기 이름으로 다운로드한 CSV 데이터의 처음 다섯 개의 줄만 표시되지만 실제 파일(Popular_Baby_Names.csv)에는 11,345개의 레코드가 포함돼 있다.

TIP 로그스태시를 사용해 3장에서 Popular_Baby_Names.csv를 사용한 인덱스 작성을 설명했다.

여기서는 동일한 일래스틱서치 인덱스 popular-baby-names를 사용한다. 이 인덱스에는 여러 민족에서 인기 있는 아기 이름이 있다. 이 데이터를 사용해 Child's First Name과 Ethnicity 간의 관계를 이해하는 그래프를 만든다.

인기 있는 아기 이름 인덱스에 대한 그래프 분석을 수행하고자 다음과 같은 단계를 거친다.

1. 키바나의 마우스 왼쪽 버튼을 눌렀을 때 나타난 메뉴에서 Graph 링크를 클릭한다.
2. Select index pattern 드롭다운 메뉴에서 Popular-baby-names 인덱스 패턴을 선택한다.

3. Add 아이콘을 클릭해 정점에 대한 필드 소스를 추가하고 Child's First Name을 사용해 필터링한다. 그런 다음 Add 버튼을 클릭해 다음과 같이 추가한다.

위의 화면은 그래프 분석을 위한 정점을 추가하는 화면을 보여준다. 여기에서 popular-baby-names 인덱스의 Child's First Name 필드를 추가한다.

Add 버튼을 클릭하면 그래프에서 정점의 Color 표현을 변경하고 정점의 Icon을 변경하며 Max terms per hop 값을 변경할 수 있는 필드 사용자 정의 화면이 열린다. 그래프 표시에서 정점을 제거하는 데 사용할 수 있는 Remove 버튼도 있는데, 이는 다음 화면에서 볼 수 있다.

위의 화면에서 Child's First Name 항목에 대한 사용자 정의 옵션을 확인할 수 있다. 원하는 경우 맞춤 설정할 수 있다.

4. 다시 한 번 더하기 아이콘을 클릭하면 Child's First Name에서와 같은 방법으로 Ethnicity를 다른 그래프 정점으로 추가할 수 있다.

5. 검색 상자에 자녀의 이름, 즉 tenzin과 같은 값을 입력한 다음 Search 버튼을 클릭하면 다음과 같은 뷰가 열린다.

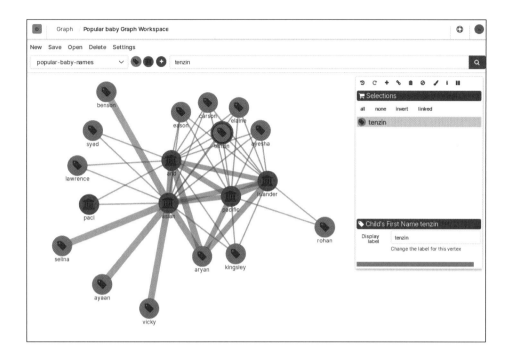

위의 화면에서 이름과 민족 간의 관계를 탐색하려는 popular-baby-names 인덱스의 그래프 뷰를 볼 수 있다.

오른쪽 상자는 그래프 뷰로 재생할 수 있는 다른 옵션을 제공한다. 상자의 상단 아이콘을 살펴보자. 첫 번째 옵션은 취소하고, 두 번째 옵션은 다시 실행하는 것이다. 세 번째 옵션은 더하기 아이콘인데, 선택을 확장하는 데 사용된다. 정점을 선택하고 더하기 아이콘을 클릭해 더 확장할 수 있다.

옆에는 기존 용어 사이에 링크를 추가하는 데 사용되는 링크 아이콘이 있다. 그리고 작업 공간에서 정점을 제거하는 삭제 아이콘이 있다.

여섯 번째 링크는 선택 영역을 작업 영역으로 돌리는 것을 블랙리스트에 적용하는 것이고, 일곱 번째는 선택한 정점에 사용자 정의 스타일을 적용하는 것이다. 여덟 가지 옵션은 추가적인 드릴다운 메뉴고 마지막(9번째) 옵션을 사용하면 레이아웃을 재생하거나 일시 중지할 수 있다.

위의 화면은 그래프 페이지의 오른쪽 상자에 있는 상단 아이콘을 보여준다. 이런 방식으로 인덱스 패턴을 사용해 그래프 뷰를 만들 수 있다.

개선된 그래프 탐색

popular-baby-names 인덱스를 사용해 그래프 뷰를 만든다. 이제 **Child First Name**과 Ethnicity 간의 관계를 분석할 수 있다. 이 그래프에서 tenzin과 같은 많은 민족과 관련된 이름을 볼 수 있듯이 자녀 이름이 다른 민족과 어떻게 관련돼 있는지를 알고자 한다.

이름 tenzin이 다른 민족과 어떻게 연결돼 있는지 알고 싶다면 이름 tenzin의 아이콘을 클릭한 후 오른쪽 옵션 상자의 Selections 항목 아래에 있는 islander, and, Asian, pacific을 포함한 링크 버튼을 클릭해야 한다.

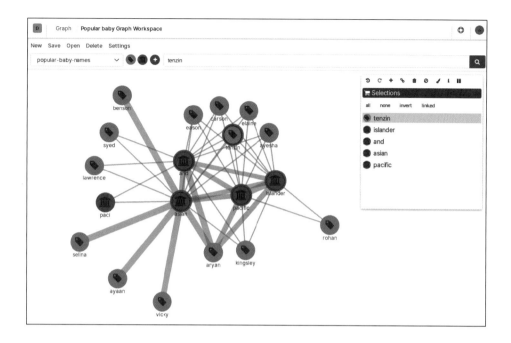

위의 화면은 이름 tenzin과 이름이 있는 다른 민족 간의 관계를 보여준다. 이런 방식으로 서로 다른 정점 사이의 관계를 식별할 수 있다. 오른쪽 옵션 상자의 목록과 함께 그래프 뷰에서 강조 표시된 아이콘을 볼 수 있다. invert 버튼을 사용하면 언제든지 선택을 반전시킬 수 있고, 연결선을 클릭해 정점이 서로 어떻게 연결돼 있는지 확인할 수도 있다.

aryan이라는 이름이 아시아 민족과 어떻게 관련돼 있는지 알고 싶다고 가정해보자. 이를 확인하려면 aryan이라는 이름을 아시아 민족으로 연결하는 선을 클릭하고 오른쪽 옵션 상자에서 Link summary 아래의 연결을 볼 수 있다.

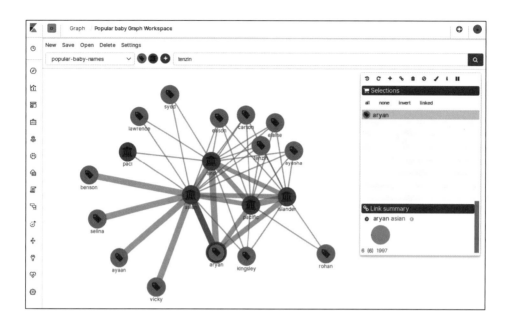

위의 화면에서 이름 aryan이 아시아 민족과 어떻게 관련돼 있는지 확인할 수 있다. Link summary 상자에는 aryan이라는 용어가 사용 가능한 6개의 문서가 있고 1997 문서에는 asian이라는 용어가 있다. 또한 그들 사이의 유사성에 따르면 두 용어가 있는 6개의 문서가 존재한다.

따라서 키바나 그래프 분석을 사용해 두 정점의 연결에 대한 정확한 분석을 얻을 수 있다. 이러한 방식으로 모든 인덱스에 대한 그래프 뷰를 생성한 다음 서로 다른 정점 간의 관계를 분석해 관계와 다른 정점과의 연관성을 자세히 알아볼 수 있다.

▌요약

6장에서는 키바나 스페이스와 그래프를 알아봤는데, 이는 키바나에서 매우 중요한 두 가지 기능이다. 먼저 키바나 스페이스로 시작해 저장된 객체와 대시보드를 다른 사용자와 분리하는 데 사용하는 방법을 알아봤다. 그 후 공간을 만들고 편집한 다음 삭제하는 방법을 다뤘고, 서로 다른 공간 사이를 전환하는 방법을 살펴봤다. 이어서 공간 간에 저장된 객체를 이동하는 방법과 역할을 만들어 공간 접근을 제한하는 방법도 살펴봤다. 또한 키바나 그래프를 소개하고 그래프 작성 방법을 배웠다. 그래프를 만든 후에는 popular-baby-names 인덱스의 예를 사용하고 키바나 그래프를 사용해 관계를 분석하는 방법을 설명했다.

7장에서는 일래스틱 기능을 자세히 설명하고 보안, 모니터링, 보고, 경고, 기타 이점을 제공하는 기타 기능을 다룬다.

고급 키바나 옵션

4부에서는 일래스틱 스택을 소개하고 보안, 보고, 모니터링, 경고, 머신러닝 등의 기능을 다룬 다음 머신러닝, APM, 캔버스Canvas를 자세히 설명한다.

4부에서 다루는 내용은 다음과 같다.

- 7장, 일래스틱 스택 기능
- 8장, 키바나 캔버스와 플러그인
- 9장, 애플리케이션 성능 모니터링
- 10장, 키바나를 사용한 머신러닝

일래스틱 스택 기능

7장에서는 일래스틱 스택 기능(이전의 X-Pack 패키지)과 일래스틱 스택의 기본 설정에 미치는 영향을 설명한다. 일래스틱 스택을 설치하면 기본 라이선스를 확장해 확장할 수 있는 모든 기본 기능이 제공된다. 보안, 모니터링, 경고, 보고, 머신러닝 등과 같이 매우 중요한 여러 기능을 제공한다.

일래스틱 스택 기능을 사용하려면 라이선스를 구매해야 한다. 그러나 모든 기능을 확인하고자 30일 무료 평가판을 시작할 수 있기 때문에 일래스틱 스택 설정을 보호하려는 보안이 매우 중요하다. 역할과 사용자를 만들어 공간, 대시보드, 저장된 객체 등을 요구 사항에 따라 다른 사용자에게 할당할 수 있는 다른 역할로 차별화할 수 있다.

다음으로 키바나 내부의 중앙 위치에서 일래스틱 스택을 모니터링할 수 있는 모니터링 기능이 있다. 모니터링은 클러스터 상태, 인덱싱 속도, 검색 속도 등과 같은 세부 정보를 표시하며, 일래스틱서치 인덱스, 노드, 개요 등의 세부 정보를 확인할 수 있다. 또한 모니터링을 사용해 인스턴스 세부 정보로 키바나 개요를 확인할 수 있다. 보고를 사용해 대시보드나 시각화에서 PDF나 이미지 기반 보고서를 생성할 수 있다. 경고를 사용하면 특정 임곗값에 대해 경보를 구성하고 값이 임곗값을 초과할 때마다 이메일이나 슬랙 메시지를 보낼 수 있다. 그런 다음 머신러닝을 통해 데이터의 이상을 확인하고 향후 추세를 예측할 수 있다.

7장에서는 일래스틱 스택의 다음과 같은 기능을 설명한다.

- 보안
- 모니터링
- 경보
- 보고

▌ 보안

일래스틱 스택 보안을 사용하면 사용자에 대한 접근을 제어해 데이터를 보호할 수 있다. 공간과 일래스틱 스택 보안을 통해 대시보드, 시각화, 저장된 객체에 대한 접근을 보호할 수 있고, X-Pack의 일래스틱 스택 보안 기능을 사용해 데이터를 비밀번호로 보호해 클러스터를 보호할 수 있다. 일래스틱 스택 설정에 역할 기반 접근 제어를 쉽게 적용할 수 있는데, 일래스틱 스택 보안 사용자와 역할에는 기본적으로 두 가지가 있다.

역할을 사용해 인덱스 접근, 공간 접근 등을 사용자 정의해 일래스틱서치와 키바나 접근을 제어할 수 있다. 사용자는 사용자를 생성하고 수정하며 생성된 역할을 할당해 접근을 제한할 수 있다. 6장에서 간단히 다뤘지만 7장에서는 역할과 사용자를 키바나 스페이스로만 제한해 자세히 다룰 것이다. 여기서는 X-Pack의 보안 기능에서 사용자와 역할의 세부 정보를 다룬다.

 일래스틱 스택 버전 7.1부터 보안 기능을 무료로 사용할 수 있으며, 라이선스를 구입할 필요가 없다.

역할

역할을 사용해 역할이 접근할 수 있거나 접근할 수 없는 일래스틱서치와 키바나 구성 요소의 접근을 제어할 수 있다. 예를 들어 일래스틱서치에서는 monitor, manage, manage_security 등과 같은 다양한 클러스터 권한을 제어할 수 있고, Run as privileges를 제어해 모든 역할에 제공할 수도 있다.

특정 인덱스의 역할만 제한할 수 있는 인덱스 권한이 있는데, 이를 통해 특정 문서에 대한 읽기 권한을 부여할 수도 있다. 키바나의 경우 모든 공간에 대한 최소 권한과 역할에 따른 개별 공간에 대한 높은 권한을 설정할 수 있다. 이런 방식으로 일래스틱서치와 키바나 수준의 역할로 제한할 수 있다. 역할을 만들려면 다음을 단계를 따라 한다.

1. 키바나의 왼쪽 메뉴에서 Management 링크를 클릭해 Management 페이지를 연다.
2. Security 옵션 아래에서 Roles 링크를 클릭하면 다음 화면처럼 기존 역할 목록이 있는 Roles 페이지가 열린다.

Roles

Apply roles to groups of users and manage permissions across the stack

Q Search...		**+ Create role**
☐ **Role** ↑	**Reserved** ❓	
☐ anurag_space		
☐ apm_system	✔	
☐ apm_user	✔	
☐ beats_admin	✔	
☐ beats_system	✔	
☐ code_admin	✔	
☐ code_user	✔	
☐ filebeat_user		
☐ ingest_admin	✔	
☐ kibana_dashboard_only_user	✔	
☐ kibana_system	✔	

위의 화면은 기존 역할이 모두 있는 역할 목록 페이지와 특정 역할을 검색하는 검색 옵션을 보여준다.

3. 새 역할을 만들려면 Create role 버튼을 클릭한다. 그러면 Role name 섹션, Elasticsearch 섹션, Kibana 섹션의 세 섹션이 있는 새 페이지가 열린다.

4. Role name 텍스트 상자에 역할 이름을 작성해야 한다. 이 역할이 무엇을 하고 있는지 쉽게 알 수 있는 의미 있게 사용되는 이름을 제공해야 한다. 여기서는 메트릭비트 인덱스에 대한 역할을 생성하려고 하므로 이름이 `metricbeat_access`다.

5. Elasticsearch 섹션에는 Cluster privileges, Run As privileges, Index privileges 와 같은 옵션들을 가진다.

6. Cluster privileges의 경우 편집 권한 없이 클러스터를 모니터하는 역할만 원하므로 monitor 옵션을 제공하려고 한다.

7. Run As privileges의 경우 기존 사용자를 선택할 수 있으므로 여기에서 기존 사용자를 선택하거나 비워 둘 수 있다.

8. 인덱스 권한에서 모든 인덱스를 선택할 수 있으므로 모든 권한으로 metricbeat * 인덱스 패턴을 선택한다.

9. Granted fields에서 모두 *를 추가한다. 특권에 대한 인덱스를 더 추가하고 싶을 경우 Add index privilege 버튼을 클릭하면 다음과 같은 화면을 확인할 수 있다.

앞의 화면은 Role name을 추가하고 일래스틱서치에 대한 접근을 설정할 수 있는 Create role 화면이다. Elasticsearch 섹션 뒤에 키바나 스페이스에 대한 접근을 설정할 수 있는 Kibana 섹션이 있다. 이제 키바나의 역할 설정을 살펴보자.

1. Kibaka 섹션에서 이 역할을 가진 사용자가 키바나의 모든 공간 데이터를 읽을 수 있도록 Minimum privileges for all spaces를 읽은 대로 설정할 수 있다.

2. Higher privileges for individual spaces의 경우 Anurag Srivastava 같은 공간 이름과 모든 권한을 설정해 이 역할을 가진 사용자가 선택한 공간의 모든 항목에 접근할 수 있다.

3. 역할에 대한 공간 권한을 추가하려는 경우 Add space privilege를 클릭하면 다음 화면을 볼 수 있다.

위의 화면은 키바나에서 역할 생성의 Kibana 섹션을 보여준다. 여기서는 서로 다른 공간에 접근하는 방법을 제어할 수 있다. 사용자가 키바나의 모든 공간에 접근하는 방법과 키바나의 특정 공간에 접근하는 방법을 제어해 키바나의 사용자를 none, some, all 공간으로 제한할 수 있다.

4. Create role 버튼을 클릭해 역할을 저장하면 새로 생성된 역할이 있는 역할 목록 페이지가 열린다. 이런 식으로 일래스틱서치 클러스터, 인덱스 등 키바나 스페이스에 대한 접근을 제한하는 역할을 만들 수 있다. 필요한 역할을 생성한 후 사용자를 생성하고 역할을 할당해 역할 기반 접근을 다른 사용자에게 제공할 수도 있다.

5. 목록 페이지에서 Role name을 클릭해 역할을 수정할 수 있는 편집 모드에서 역할을 열 수 있다. 역할을 선택한 다음 Delete 버튼을 클릭해 역할을 삭제할 수도 있다. 이 내용이 키바나의 역할 관리고, 다음 절에서는 사용자 관리를 다룰 것이다.

사용자

Users 옵션으로 일래스틱 스택의 사용자를 생성, 편집, 삭제하고 역할을 할당하는 등 사용자를 관리할 수 있다. 따라서 데이터를 보호하려면 요구 사항에 따라 다른 역할 집합을 가진 다른 사용자를 만들 수 있도록 사용자와 역할을 만들어야 한다. 사용자를 생성하려면 다음 단계를 따라 한다.

1. Management 페이지를 열려면 키바나의 왼쪽 메뉴에서 Management 링크를 클릭한다.

2. 사용자 목록화 페이지를 열고자 Security 아래의 Users 링크를 클릭하면 다음의 화면을 볼 수 있다.

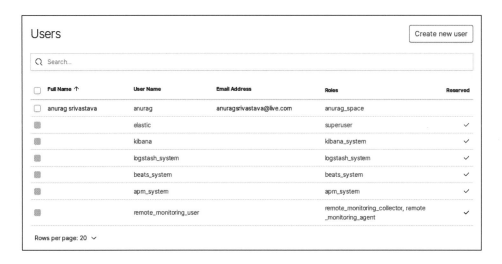

위의 화면은 기존 사용자 목록이 있는 Users 기본 페이지를 보여준다.

이제 사용자 목록 페이지에서 Create new user 버튼을 클릭한다. 이를 통해 New user 페이지를 열 수 있다.

1. Username, Password, Confirm password, Full name, Email address를 채우고 Roles를 선택한다.
2. 모든 세부 사항을 채운 후 Create user 버튼을 클릭하면 다음 화면을 확인할 수 있다.

위의 화면은 사용자 세부 정보를 추가하고 Roles를 할당하고 Create user 버튼을 클릭해 사용자를 저장할 수 있는 New user 양식을 보여준다. 사용자가 추가되며 사용자 목록 페이지에서 새로 생성된 사용자를 볼 수 있다.

이런 식으로 키바나에서 새 사용자를 만들고 사용 가능한 역할을 할당할 수 있다. 사용자 목록 페이지에서 할당된 Role name을 클릭하면 역할 편집 페이지가 열리고 사용자 이름 링크를 클릭하면 사용자 편집 페이지가 열린다. 사용자 편집 페이지에서 Full name, Email address, Roles, Password를 수정하고, Delete user 링크를 클릭해 사용자를 삭제할 수도 있다.

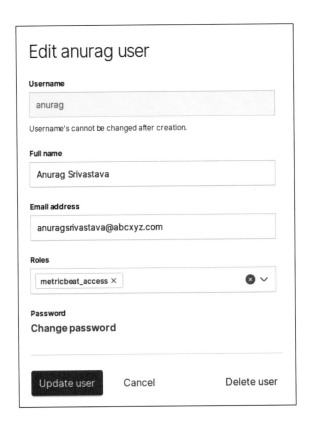

위의 화면은 Edit anurag user를 보여준다. 여기서 사용자 세부 정보를 편집하거나, 역할을 변경하거나, 사용자를 삭제할 수 있다. 사용자 편집 화면에서 Delete user 링크를 클릭하거나 사용자를 선택한 후 사용자 목록 페이지에서 Delete user 버튼을 클릭해 사용자를 삭제할 수 있다. 삭제 링크를 클릭하면 This operation cannot be undone 메시지가 표시되는 확인 팝업이 표시된다.

다음의 화면과 같이 확인 팝업에서 Delete 버튼을 클릭해 사용자를 삭제해야 한다.

위의 화면은 사용자 Delete 버튼을 클릭하면 나타나는 확인 팝업을 보여준다. 이런 방식으로 일래스틱 스택의 보안을 활성화하기 위해 역할과 사용자를 만들 수 있다.

▍모니터링

일래스틱 스택 모니터링은 일래스틱서치, 로그스태시, 키바나 작업에 대한 통찰력을 얻을 수 있는 기능을 제공한다. 모든 모니터링 메트릭은 일래스틱서치에 저장되며, 키바나 UI의 Stack Monitoring 아래에 표시된다.

모니터링에서 Version, Uptime, Jobs 세부 정보가 포함된 일래스틱서치 클러스터 Overview를 볼 수 있다. 여기에서 검색 속도, 인덱스 생성 속도, 검색 대기 시간 등의 세부 정보를 얻을 수 있다. 또한 디스크 가용성, JVM 힙 크기, CPU 사용 상태, 로드 평균, JVM 메모리, 전체 파편 등과 같은 노드 세부 사항도 얻을 수 있다.

Indices 아래에서는 문서 수, 디스크 사용량, 기본 샤드 수, 복제 파편 수 등을 볼 수 있다. 다음 화면은 키바나의 왼쪽 메뉴에서 Stack Monitoring 링크를 클릭해 열 수 있는 Monitoring 페이지를 보여준다.

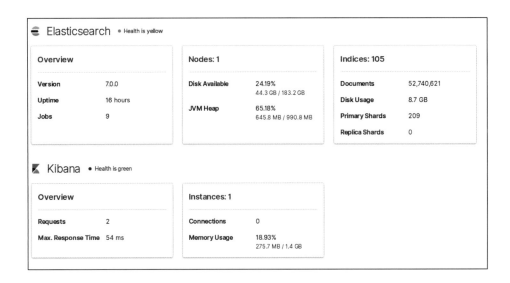

위의 화면은 Elasticsearch와 Kibana 모니터링의 세부 정보를 볼 수 있는 일래스틱 스택 Monitoring 페이지를 보여준다. 이제 Elasticsearch에서 모니터링할 수 있는 것 과 Kibana에 있는 것을 살펴보자.

일래스틱서치 모니터링

일래스틱서치 Monitoring에는 Overview, Nodes, Indices의 세 섹션이 있다. Overview 에는 일래스틱서치 버전, 가동 시간, 전체 실행 작업과 같은 일래스틱서치의 모니 터링 개요가 나와 있다. Overview 링크를 클릭하면 상태, 노드 수, 인덱스, 메모리 소비, 총 샤드, 할당되지 않은 샤드, 문서 수, 데이터 크기가 포함된 요약을 볼 수 있는 세부 정보 페이지가 열린다.

또한 Search Rate, Indexing Rate, Search Latency, Indexing Latency의 그래프를 확인 할 수 있는데, 이는 공유된 액티비티를 다음 화면과 같이 보여준다.

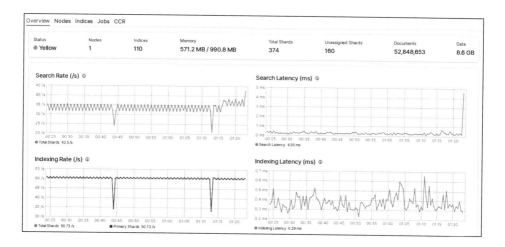

위의 화면은 일래스틱서치 Overview 상세 뷰를 보여준다. Nodes 블록은 노드 수, 실제 사용률이 있는 사용 가능한 디스크 백분율, 실제 사용률이 있는 JVM 힙 백분 율을 보여준다.

Nodes 링크를 클릭해 상세 뷰를 열면 요약을 다시 볼 수 있고, 노드 Name, Status, CPU Usage, Load Average, JVM Memory, Disk Free Space, 총 Shards 수가 있는 목록 이 다음 화면과 같이 다시 표시된다.

위의 화면은 일래스틱서치 Monitoring에서 Nodes 링크의 상세 뷰를 보여준다. 노 드 이름 링크를 클릭하면 추가 세부 사항 페이지를 볼 수 있고, 여기서 Overview와 Advanced 옵션이 있는 두 개의 탭이 표시된다. 두 탭에서 Status, Transport

Address, JVM Heap, Free Disk Space, Documents count, Data size, number of Indices, number of Shards, 노드의 Type(마스터, 데이터 등)이 있는 요약을 볼 수 있다.

Overview 탭에서 다음과 같이 JVM Heap(MB), Index Memory(MB), CPU 사용률(%), 시스템 로드, 지연 시간(ms), 세그먼트 수, 샤드 범례가 있는 그래프를 볼 수 있다.

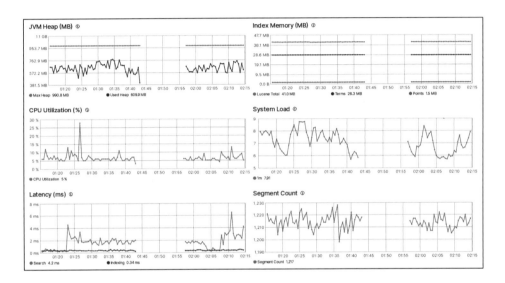

위의 화면은 일래스틱서치 노드의 Overview 탭 뷰를 보여준다. Advanced 탭을 클릭하면 노드의 상세 뷰를 볼 수 있으며, GC Count, GC Duration, JVM Heap, CPU Utilization, Index Memory, Indexing Time, Request Rate, Indexing Threads, Read Threads, C Group CPU Performance, C Group CFS Stats, Latency가 있는 그래프가 표시된다. 그런 다음 인덱스, 문서, 디스크 사용량, 기본 샤드 수, 복제 샤드 수를 표시하는 Indices 블록이 있다.

Indices 링크를 클릭해 상세 뷰를 열면 모든 일래스틱서치 인덱스의 요약과 목록이 표시된다. 인덱스 목록에는 모든 인덱스에 대한 Name, Status, Document Count, Data Size, Index Rate, Search Rate, Unassigned Shards가 표시된다. 다음 화면을 참고한다.

| Overview | Nodes | Indices | Jobs | CCR | | | | | |

Status	Nodes	Indices	Memory	Total Shards	Unassigned Shards	Documents	Data
● Yellow	1	110	616.1 MB / 990.8 MB	374	160	52,892,464	8.7 GB

Name ↑	Status	Document Count	Data	Index Rate	Search Rate	Unassigned Shards
apm-6.4.2-onboarding-2018.11.11	● Yellow	1	6.0 KB	0 /s	0 /s	1
apm-6.5.2-error-2018.12.30	● Yellow	2	39.3 KB	0 /s	0 /s	1
apm-6.5.2-onboarding-2018.12.31	● Yellow	1	6.0 KB	0 /s	0 /s	1
apm-6.5.2-onboarding-2019.01.06	● Yellow	1	6.0 KB	0 /s	0 /s	1
apm-6.5.2-onboarding-2019.01.08	● Yellow	1	6.0 KB	0 /s	0 /s	1
apm-6.5.2-span-2018.12.30	● Yellow	89	49.1 KB	0 /s	0 /s	1
apm-6.5.2-span-2019.01.06	● Yellow	2.4k	360.8 KB	0 /s	0 /s	1
apm-6.5.2-span-2019.01.08	● Yellow	718	166.6 KB	0 /s	0 /s	1
apm-6.5.2-transaction-2018.12.30	● Yellow	31	79.8 KB	0 /s	0 /s	1
apm-6.5.2-transaction-2019.01.06	● Yellow	812	287.2 KB	0 /s	0 /s	1

위의 화면은 상태 및 기타 메트릭과 함께 인덱스 목록을 보여준다. 이제 키바나에서 무엇을 모니터링할 수 있는지 살펴보자.

키바나 모니터링

키바나의 데이터 모니터링에는 기본적으로 Overview와 Instances를 표시하는 두 개의 블록이 있는 키바나 상태가 표시된다. Overview에는 요청 수와 최대 응답 시간이 표시된다. Overview 링크를 클릭해 상세 뷰를 열면 Status, Instances의 개수, Memory 활용, Requests의 총 개수, Connections, Max. Response Time, Client Requests용 그래프, Client Response Time in ms 등이 나타난다. 다음 화면을 참고한다.

위의 화면은 키바나 Monitoring의 Overview 상세 페이지를 보여준다. 여기서 Client Requests와 Client Response Time을 보여주는 두 개의 그래프로 요약을 볼 수 있다. Overview와 별도로 키바나 Instances, Connections, Memory 사용량의 총계를 보여 주는 Instances 블록이 있다.

인스턴스 링크를 클릭하면 인스턴스 Name, Status, Load Average, Memory Size, Requests, Response Times를 볼 수 있는 상세 뷰를 볼 수 있다. 다음 화면을 참고 한다.

위의 화면은 상태, 이름, 기타 메트릭이 있는 키바나의 인스턴스 세부 정보를 보여 준다. 인스턴스 이름을 클릭해 키바나 인스턴스의 상세 뷰를 열 수 있는데, 여기에 서 Status, Transport Address, OS Free Memory, Version, Uptime의 요약을 볼 수 있다. 요약하면 Client Requests, Client Response Time in ms, Memory Size in GB, HTTP

Connections, System Load, Event Loop Delay in ms에 대한 그래프를 볼 수 있다. Client Requests, Client Response Time, Memory Size, HTTP Connections 등의 그래프를 표시하는 다음 화면을 참고한다.

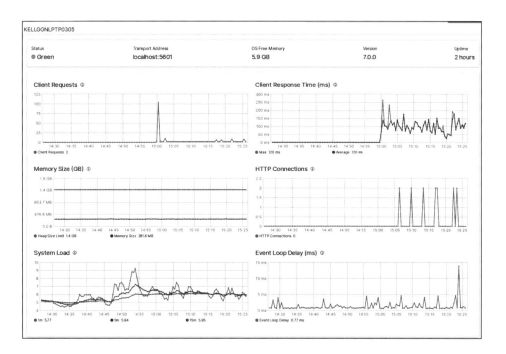

위의 화면은 키바나 Instancé 세부 정보, 요약, 그래프를 보여준다. 이런 방식으로 일래스틱 스택과 세부 정보를 모니터링해 데이터의 잠재력을 최대한 활용하도록 조정할 수 있다. 이 그래프를 사용해 시스템의 성능에 대한 아이디어를 얻을 수 있고, 최고점들과 그 최고점들이 생겨난 이유를 식별할 수 있다.

┃ 경보

경보[alerting]는 중요한 이벤트에 대해 알림을 받는 방법이다. 필드 값이 임곗값을 초과하는 경우 경고를 구성할 수 있고, 요구 사항에 따라 설정할 수 있다. 키바나에서는 지정된 조건이 충족되면 **와치**^{Watcher}를 사용해 알릴 수 있다. 제출된 값이 특정 임곗값을 초과하거나, 데이터에 이상이 있거나, 데이터에서 특정 필드를 수신하는 경우와 같은 조건을 설정할 수 있다.

어떤 사건이 중요하다면 그 사건이 일어날 때마다 알아야 한다. 이러한 상황에 대비해 키바나에서 알림을 구성해 시기적절한 알림을 받을 수 있다. 키바나 UI에서는 백그라운드에서 일래스틱서치 쿼리에 의해 생성된 이러한 조건에 대해 와치를 구성해 데이터를 계속 확인할 수 있다.

구성된 조건이 충족되면 일래스틱서치는 알림 전송과 같은 경보 시스템 작업을 시작하게 한다. 이러한 작업은 이메일을 보내거나 슬랙^{Slack}과 같은 타사 도구를 통해 알리거나 로그 항목 또는 기타 타사 통합을 추가하는 것이다. 왼쪽 메뉴에서 Management 링크를 클릭한 다음 일래스틱서치에서 Watcher 링크를 클릭해 Alert 페이지를 열 수 있다. 다음 화면을 참고한다.

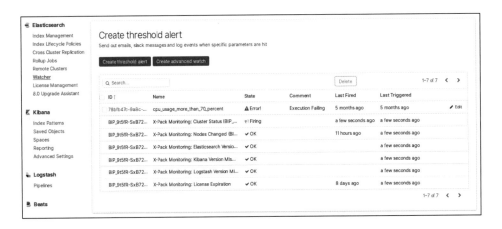

위의 화면은 기존 와치 목록이 있는 Watcher 페이지를 보여준다. 이 페이지에서 임곗값 경보나 고급 와치를 만들 수 있다. Watcher 기록은 일래스틱서치 인덱스에서 유지 관리되며 와처에 대한 전체 정보를 얻을 수 있다. 세부 사항에는 실행 시기, 실행 결과, 주어진 조건이 충족됐는지 여부, 감시자의 출력 결과가 포함될 수 있다.

임곗값 경보 생성

이제 키바나에서 와처를 생성해 임곗값 경고를 구성하는 방법을 살펴보자. 와치를 구성하려면 다음 세 가지를 수행해야 한다.

1. 단일 필드나 다중 필드에서 와치 예약하기
2. 일치하는 조건 설정하기
3. 수행할 행동 구성하기

첫 번째 단계에서는 일래스틱서치 인덱스와 와치를 만들 필드를 선택해야 한다. 그런 다음 주기적으로 점검할 조건을 설정하고 주어진 조건이 충족될 때 수행할 조치로 이를 추적해야 한다.

키바나에서는 다음 단계를 따라 시각화를 만들 수 있다.

1. Watcher 목록 페이지에서 Create threshold alert 버튼을 클릭하면 Create a new threshold alert 페이지가 열린다.
2. 이 페이지에서 이름을 추가하고 인덱스를 선택한 다음 시간 필드를 설정하고 이름을 cpu_usage_more_than_75_percent로 설정한다. 인덱스의 경우 메트릭비트 인덱스 패턴을 선택하고 시간 필드의 경우 @timestamp를 선택한 후 기간은 10초로 설정한다. 다음 화면을 참고한다.

Create a new threshold alert

Send an alert when a specific condition is met. This will run every 10 seconds.

Name

cpu_usage_more_than_75_percent

Indices to query   **Time field**   **Run watch every**

metricbeat* ✕   @timestamp ▼   10 ⌃⌄   seconds ▼

Use * to broaden your search query

위의 화면은 Create new threshold alert 페이지를 보여준다. 다음 Matching the following condition 섹션에서 대화식 인터페이스를 사용해 확인해야 하는 조건을 설정한다.

3. metricbeat* 인덱스 패턴의 system.process.cpu.total.pct 필드에 조건을 추가해야 한다. 이 조건을 설정하려면 필드를 OF 아래에 설정해 WHEN 이 max.system.process.cpu.total.pct의 최댓값으로 확인할 max() 함수를 설정해야 한다.

4. 그런 다음 OVER에 대한 모든 문서를 선택하고 IS ABOVE에 대해 0.75를 설정해 필드의 최댓값이 0.75를 초과하는지 여부를 확인해야 한다. 마지막으로 FOR THE LAST 기간 동안 1분 또는 모든 기간을 설정해야 한다. 다음 화면을 참고한다.

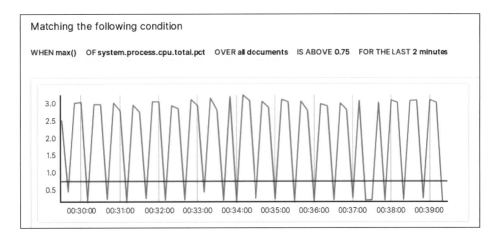

위의 화면은 시각화의 조건 선택을 보여준다.

5. 이제 Add new action에서 작업을 선택해 수행할 작업을 설정한다. 이 옵션을 사용해 이메일을 보내거나, 메시지를 기록하거나, 슬랙[Slack]에 메시지를 보낼 수 있다. 여기서는 모든 이메일 주소로 이메일을 보낼 수 있지만 설정하기 전에 elasticsearch.yml 파일에 SMTP 자격증명을 추가해야 한다. 이메일을 보내도록 지메일[Gmail] SMTP 계정을 구성하고 elasticsearch. yml 파일에 다음 구성을 추가했다.

```
xpack.notification.email.account:
  gmail_account:
    profile: gmail
    smtp:
      auth: true
      starttls.enable: true
      host: smtp.gmail.com
      port: 587
      user: a******@gmail.com
      password: w*****@****
```

6. new action 드롭다운에서 E-mail 옵션을 클릭한다. To e-mail address 텍스트 상자 아래에 이메일 주소를 추가한다.

7. 요구 사항에 따라 Subject 섹션을 편집하고 Body 섹션에 메시지를 추가한다.

8. 세부 정보를 추가한 후 Test fire an e-mail now 버튼을 클릭해 이메일 흐름을 실험한다.

9. 이후 Save 버튼을 클릭해 화면을 저장한다. 다음 화면을 참고한다.

위의 화면은 알림 페이지의 작업 블록을 보여준다. 이러한 방식으로 조건을 생성하고 이메일 조치를 사용해 조건이 충족되면 제공된 이메일 ID에 알릴 수 있다.

▎보고

보고 기능은 키바나 검색, 대시보드, 시각화 뷰에서 CSV, PDF, PNG 보고서를 생성할 수 있는 매우 유용한 일래스틱 스택 기능이다. Management 페이지의 키바나 아래에 있는 Reporting 링크를 클릭하면 동일한 보고서를 다운로드할 수 있다. 그러면 Reporting 페이지가 열리고 생성된 모든 보고서 목록이 표시되며, 이 목록에서 원하는 보고서를 다운로드할 수 있다. 다음 화면을 참고한다.

위의 화면은 검색, 시각화, 대시보드 페이지와 같이 다른 위치에서 생성한 모든 보고서를 보여준다. 이 페이지는 보고서를 다운로드할 수 있는 Reporting 페이지이지만 다음 절에서 이러한 보고서를 만들 수 있는 방법을 다룬다.

CSV 보고서

스프레드시트 소프트웨어에 익숙하고 CSV 데이터를 이용할 수 있기 때문에 CSV 보고서는 매우 유용하다. 키바나 디스커버에서 검색과 필터 조작을 수행하고 인덱스 패턴에 적용한 후 보고서를 생성할 수 있다. 검색이나 필터 없이 보고서를 생성할 수도 있지만 특정 검색이나 필터 기준으로 보고서를 얻는 것이 유용할 수 있다.
키바나 디스커버에서 CSV 보고서를 생성하는 단계는 다음과 같다.

1. 키바나의 Discover 페이지에서 검색과 필터를 적용하고 저장된 객체의 이름을 제공해 저장한다.

2. 왼쪽 상단의 Share 링크를 클릭하면 다음의 화면과 같이 팝업 상자가 열린다.

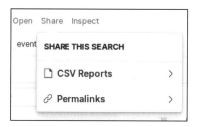

3. 다음 화면과 같이 CSV Report 링크를 클릭하면 CSV Reports 팝업이 열린다.

4. Generate CSV 버튼을 클릭하면 CSV 보고서가 생성되고 화면 오른쪽 하단에 성공 메시지가 표시된다. 성공 메시지의 Download report 버튼을 통해 보고서를 다운로드할 수 있다. 키바나의 Management 페이지에 있는 Reporting 페이지에서도 동일한 보고서를 다운로드할 수 있다.

PDF와 PNG 보고서

저장된 Dashboard나 Visualization 화면에서 PDF나 PNG 형식으로 보고서를 다운로드할 수 있다. Dashboard와 Visualization에서 보고서를 생성하는 옵션은 매우 유사하므로 PDF나 PNG 보고서 다운로드를 설명하고자 Dashboard의 예를 살펴본다. Dashboard에서 PDF나 PNG 보고서를 다운로드하려면 다음을 수행해야 한다.

1. 페이지 왼쪽 상단에 있는 Share 링크를 클릭하면 여러 개의 링크가 있는 팝업이 열린다.
2. 팝업에서 PDF 보고서를 생성하려면 PDF reports를 클릭하고, PNG 보고서를 다운로드하려면 PNG Report를 클릭한다.

3. Generate PDF 또는 Generate PNG 버튼과 함께 팝업을 열 수 있다. 다음 화면을 참고한다.

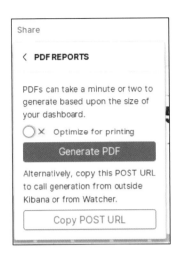

4. 보고서를 생성하려면 Generate PDF 또는 Generate PNG 버튼을 클릭한다.
   이를 통해 PDF나 PNG 보고서를 생성할 수 있다.

이러한 방식으로 키바나의 보고 기능을 사용해 CSV, PDF, PNG 형식으로 보고서를
생성할 수 있다. 이러한 보고서는 간편하고 누구와도 쉽게 공유할 수 있다.

▌요약

7장에서는 일래스틱 스택 기능과 그 기능이 중요한 이유를 설명했다. 소개로 시작
한 후 보안 기능으로 넘어갔다. 보안 메뉴 아래에서 사용자와 역할 관리를 다루고,
역할과 사용자를 만든 다음 사용자에게 역할을 할당해 실질적인 방법으로 설명했
다. 그런 다음 모니터링 기능을 사용해 일래스틱 스택을 모니터링하는 방법을 살
펴봤다.

이어서 일래스틱서치와 키바나 모니터링을 요약이나 그래프 형식으로 다른 메트
릭으로 다뤘다. 모니터링 후 경보 시스템을 다루고 메트릭 비트 데이터의 예를 통
해 실제 방식으로 임곗값 경보를 만드는 방법을 설명했다. 마지막으로 키바나 디

스커버, 비주얼라이즈, 대시보드 페이지에서 CSV, PDF, PNG 보고서를 생성하는 방법을 설명했다. 7장에서는 일래스틱 스택의 모든 중요한 기능을 설명했다.

8장에서는 키바나 캔버스^{Canvas}와 플러그인을 다룬다. 캔버스를 사용해 창의성을 표현해 시각화를 만들 수 있으며, 플러그인을 통해 키바나의 기능을 확장할 수도 있다.

## 08

키바나 캔버스와 플러그인

8장에서는 디자인을 생성하고 데이터를 표시할 수 있는 키바나의 뛰어난 기능인 키바나 캔버스를 설명한다. 캔버스Canvas를 사용하면 완벽한 픽셀 디자인을 만들 수 있으므로 데이터가 놀라워 보일 수 있다. 자체 텍스트, 색상, 모양을 사용해 데이터를 표시할 수 있고, 시각화를 만들기 위한 고유한 창의성을 나타낼 수도 있다.

키바나 캔버스는 전통적인 키바나 비주얼라이즈와 달리 데이터를 시각화하는 새로운 방법을 제공한다. 8장에서는 캔버스 시각화를 생성하는 방법을 알아본다. 이어서 캔버스를 사용한 후에 키바나 플러그인을 사용해 자체 플러그인을 생성하는 방법을 설명한다. 키바나 플러그인을 사용해 키바나에서 애드온 기능을 활성화할 수 있는데, 이 기능은 아직 개발 상태에 있다.

8장에서 다루는 내용은 다음과 같다.

- 캔버스 소개
- 캔버스에서 요소 추가
- 캔버스에 데이터 테이블, 파이 차트, 고정된 이미지 추가
- 캔버스에서 프레젠테이션 생성
- 키바나 플러그인 설치와 제거

▌ 키바나 캔버스

키바나는 시각적 형식으로 데이터를 표시하는 창의성을 보여줄 수 있는 방법을 제공한다. 이전에는 키바나 비주얼라이즈를 사용해 막대 차트, 꺾은 선형 차트, 태그 클라우드, 데이터 테이블, 히트맵 등과 같은 다양한 유형의 시각화를 만들었다. 그러나 다른 사용자 정의 옵션과 함께 이러한 시각화를 만들 수 있기 때문에 캔버스는 더 좋은 방법이라고 볼 수 있다. 캔버스를 사용해 사용자 정의 텍스트, 다양한 색상, 모양, 이미지를 이용할 수 있고, 한 페이지에 여러 유형의 시각화를 그룹화할 수 있다. 이전에 키바나 비주얼라이즈에서 다른 시각화를 만드는 방법을 살펴봤으므로 이제는 키바나 캔버스를 자세히 이해하고자 데이터 테이블과 파이 차트 같은 몇 가지 시각화를 만들어보겠다.

캔버스 소개

캔버스 워크패드에 다른 요소를 추가해 키바나 캔버스를 시작하는 방법을 살펴보자. 먼저 키바나의 왼쪽 메뉴에서 Canvas 링크를 클릭하면 키바나의 Canvas 화면이 다른 옵션으로 열린다. 다음 화면을 참고한다.

위의 화면은 키바나 캔버스의 기본 페이지를 보여주는데, 여기서는 워크패드 위에 링크를 볼 수 있다. 왼쪽 Refresh 링크는 페이지 새로 고침을 설정하며, 여기에서 자동 새로 고침 간격을 설정하거나 Refresh 버튼을 클릭해 페이지를 수동으로 새로 고칠 수 있다. 다음 화면을 참고한다.

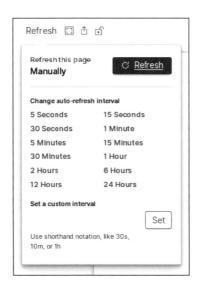

앞의 화면은 자동 새로 고침을 위한 시간 간격을 선택할 수 있는 새로 고침 팝업 뷰를 보여준다. 사용자 지정 간격을 설정할 수 있는 Set 버튼과 워크패드를 수동으로 새로 고칠 수 있는 Refresh 버튼이 있다. Refresh 링크 후에는 전체 화면과 일반 모드에서 워크패드를 토글하는 전체 화면 아이콘이 있다. 전체 화면 아이콘 다음에 세 번째 아이콘이 있는 워크패드를 공유할 때 JSON이나 PDF 형식으로 워크패드를 다운로드할 수 있다. 다음 화면을 참고한다.

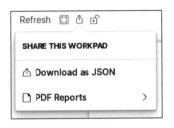

위의 화면은 공유 팝업으로 캔버스 워크패드를 다운로드하기 위한 두 개의 링크(Download as JSON과 PDF Reports)를 볼 수 있다. 네 번째 아이콘은 편집 컨트롤을 표시하거나 숨길 수 있다. 편집이 필요하지 않을 때나 누군가에게 보여주고 싶을 때 워크패드를 확장하는 것이 좋다.

워크패드 사용자 정의

오른쪽 창에서 Workpad 페이지를 수정해 사용자 정의할 수 있다. 캔버스 워크패드 파일 Name과 같은 다른 옵션이 있고 여기에서 변경할 수 있다. 워크패드의 Width와 Height에서는 요구 사항에 따라 조정할 수 있다. 또한 1080p, 720p, A4, US Letter와 같은 일부 사용자 정의 크기에 대한 링크가 있다.

전역 CSS 재정의 옵션을 사용해 Global CSS overrides할 수도 있다. 마지막으로 Page 아래에 Background color 옵션이 있어 워크패드 배경색을 변경할 수 있다. 다음 화면을 참고한다.

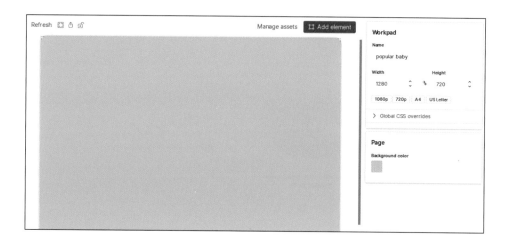

위의 화면에서 배경색을 연한 녹색으로 변경하고 워크패드 크기를 720p로 변경한 것을 볼 수 있다. 이런 식으로 캔버스 워크패드를 사용자 정의할 수 있다.

자산 관리

자산 관리는 원하는 자산을 추가해야 할 때마다 모든 자산을 중앙 위치에 저장해 워크패드에 추가할 수 있는 좋은 방법이다. 여기에서 이미지 파일을 가져와 워크패드 자산에서 삭제할 수 있다. 다음 화면은 키바나 캔버스의 Manage workpad assets 화면을 보여준다.

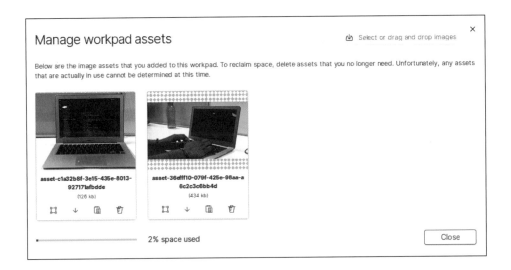

위의 화면은 이미지를 업로드할 수 있는 Manage workpad assets 팝업 화면을 보여준다. 키바나 캔버스의 일종의 이미지 라이브러리로, 캔버스 시각화 디자인에 모든 이미지 자산을 쉽게 사용할 수 있다. 이 팝업에는 Select or drag and drop images 버튼이 있어 이미지를 가져오거나 드래그앤드롭할 수 있다. 각 이미지 아래에는 서로 다른 작업을 수행할 수 있는 4개의 링크가 있다. 다음 화면을 참고한다.

앞의 화면에서는 Manage workpad assets에서 단일 이미지를 볼 수 있다. 기본적으로 이미지 축소판과 자산 이름 및 크기를 보여준다. 이미지 크기 다음에는 네 개의 링크가 표시된다. 첫 번째 링크는 캔버스 워크패드에서 이미지 요소를 작성하기 위한 것이고, 두 번째 링크는 이미지를 다운로드하기 위한 것이다. 세 번째 링크는 이미지를 클립보드에 복사하는 것이고, 마지막 링크는 Managed workpad assets에서 이미지를 삭제하기 위한 것이다.

이 링크를 사용해 키바나 캔버스 Manage workpad assets 화면에서 다른 이미지를 관리할 수 있다. 이미지 다음에는 진행률 표시줄에 x% space used를 표시하는 메시지가 표시된다. 여기서 x는 자산 이미지가 사용하는 총 공간을 표시한다.

캔버스에서 요소 추가

캔버스 워크패드에서 사용 가능한 여러 옵션을 사용해 여러 요소를 추가할 수 있다. 캔버스 워크패드에 요소를 추가하고자 Add element 버튼을 클릭하면 다음 화면이 열린다.

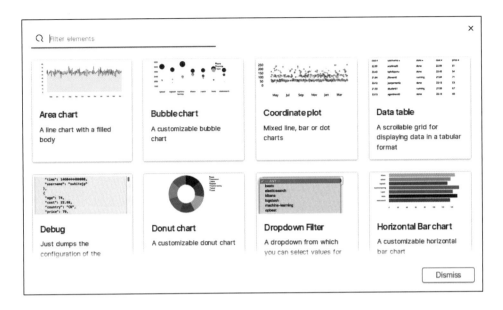

위의 화면은 다양한 유형의 시각화를 삽입할 수 있는 요소 추가 화면을 보여준다. 이러한 요소는 다음 유형이 될 수 있다.

- Area chart
- Bubble chart
- Coordinate plot
- Data table
- Debug
- Donut chart
- Dropdown Filter
- Horizontal Bar chart
- Horizontal Progress bar
- Horizontal Progress pill
- Static image
- Image repeat

- Image reveal

- Line chart

- Markdown

- Metric

- Pie chart

- Progress gauge

- Progress semicircle

- Progress wheel

- Shape

- Tilted Pie chart

- Time filter

- Vertical Progress bar

- Vertical Progress pill

- Vertical Bar chart

팝업 화면에서 요구 사항에 따라 캔버스 워크패드에 시각화 요소를 삽입할 수 있다. 시각화를 추가하지 않으려면 화면 오른쪽 하단에 있는 Dismiss 버튼을 클릭하면 된다. 키바나 캔버스에서 사용할 수 있는 요소가 많지만, 모든 요소 유형을 다룰 수는 없으므로 중요한 시각화 유형만을 다룬다.

데이터 테이블

키바나 시각화에서 이미 데이터 테이블을 다뤘으며 여기서는 일래스틱서치 인덱스 데이터를 표 형식으로 표시하는 방법을 설명한다. 키바나 캔버스에서는 데이터 테이블을 추가할 수도 있지만 프레젠테이션 부분을 더 잘 제어할 수 있다. 여기서는 테이블 클래스에 사용자 정의 CSS를 적용하고, 디자인을 변경하고, 사용자 정의 배경을 적용하는 등의 작업을 수행할 수 있다.

키바나 캔버스에서 데이터 테이블을 추가하려면 다음 단계를 따라 한다.

1. 캔버스 워크패드 위의 오른쪽 상단에서 Add element 버튼을 클릭하면 요소 종류를 선택하는 팝업 창을 열 수 있다.

2. 팝업 창에서 Data table 블록을 클릭하면 다음 화면과 같이 캔버스 워크패드에서 데이터 테이블을 열 수 있다.

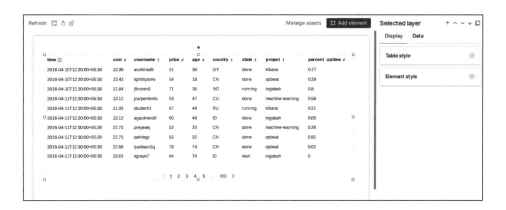

3. 워크패드에서 데이터 테이블을 선택해 Seleted layer를 위한 오른쪽 창을 활성화한다.

4. 데이터 출처를 변경하기 위한 탭을 열고자 Data 링크를 클릭하면 다음과 같은 화면을 확인할 수 있다.

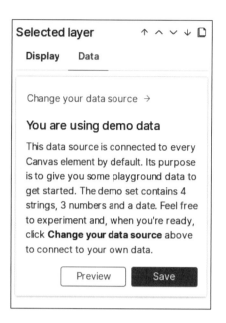

5. Change your data source 링크를 클릭하면 Timelion, Demo data, Elasticsearch SQL, Elasticsearch raw documents와 같은 4가지 옵션과 함께 데이터 출처 선택 창을 열 수 있다.

6. Elasticsearch raw documents 옵션을 클릭하면 Index, Query, Sort Field, Sort Order, Fields를 변경하기 위한 옵션들과 함께 Change your data source 창을 열 수 있다.

7. Field 열에서 `Child's First Name`, `Ethnicity`, `Year of Birth`, `Rank`, `Count` 필드를 추가할 수 있다. 이는 다음 화면과 같은 인덱스 선택 창에서 확인할 수 있다.

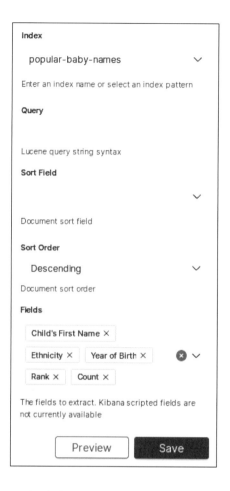

8. 인덱스와 필드를 추가한 후 데이터의 미리보기를 확인하고자 Preview 버튼을 클릭한다.

9. 미리보기를 검증한 후에 데이터 출처를 저장하기 위한 Save 버튼을 클릭한다. 새로 저장된 데이터 원본에 따라 데이터 테이블 뷰가 변경된다. 다음 화면을 참고할 수 있다.

Child's First Name t	Ethnicity t	Year of Birth t	Rank t	Count t
Dylan	WHITE NON HISPANIC	2014	63	33
Margaret	WHITE NON HISPANIC	2014	63	33
Chany	WHITE NON HISPANIC	2014	63	33
Brooke	WHITE NON HISPANIC	2014	63	33
Batsheva	WHITE NON HISPANIC	2014	64	32
Juliette	WHITE NON HISPANIC	2014	64	32
Ariella	WHITE NON HISPANIC	2014	64	32
Rochel	WHITE NON HISPANIC	2014	65	31
Arianna	WHITE NON HISPANIC	2014	65	31
Isla	WHITE NON HISPANIC	2014	65	31

〈 1 2 3 4 5 … 10 〉

위의 화면은 popular-baby-names 인덱스의 데이터를 선택한 열로 보여준다. 이렇게 하면 데이터 테이블을 사용해 키바나 캔버스 워크패드의 모든 인덱스에서 테이블 형식의 데이터를 표시할 수 있다.

데이터 테이블 디자인

워크패드에 데이터 테이블을 추가했으므로 더 매력적으로 보이도록 디자인할 수 있다. 테이블 디자인에서는 텍스트 색상, 글꼴, 크기 등을 변경하는 방법을 다루고, 사용자 정의 CSS 클래스를 데이터 테이블에 적용하는 방법을 살펴본다. 테이블 스타일을 사용하려면 다음 단계를 따라 한다.

1. 오른쪽의 Selected layer 옵션에서 Display 링크를 클릭해 디스플레이 탭을 연다. Table style과 Element style의 두 가지 옵션이 표시된다.
2. Table style 옆에 있는 더하기 아이콘을 클릭하면 Text settings, Rows per page, Pagination, Header 같은 여러 옵션이 있는 팝업 창이 열린다.
3. 텍스트의 색상, 크기, 폰트를 설정하기 위해 Text settings 옵션을 클릭한다. 다음 화면처럼 폰트, 색상, 크기를 변경하고 텍스트 굵기를 바꿀 수 있다.

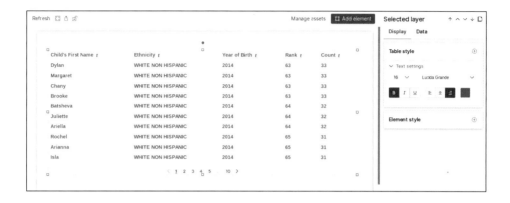

4. Table style 옆의 더하기 아이콘을 다시 클릭하고 Rows per page 옵션을 클릭한다. 기본이 10으로 설정돼 있으며 25로 변경할 수 있다.

5. Table style 메뉴에서 Pagination 옵션을 클릭해 페이지 매김 옵션을 활성화하거나 비활성화할 수 있다.

6. 같은 방법으로 Table style 메뉴에서 Header 옵션을 클릭해 헤더를 활성화하거나 비활성화할 수 있다.

종합하면 글꼴, 텍스트 크기, 색상 등을 변경해 데이터 테이블의 텍스트를 사용자 정의하고 페이지당 행을 조정하며, 테이블 Header와 Pagination 옵션을 표시하거나 숨길 수 있다. 이제 사용자 정의 CSS를 적용해 요소 스타일을 변경하는 방법과 요소 컨테이너의 모양을 변경하는 방법을 살펴보자. 요소 스타일을 변경하려면 다음 단계를 따라 한다.

1. Element style 텍스트 옆에 있는 더하기 아이콘을 클릭하면 컨테이너 스타일과 CSS라는 두 개의 링크가 있는 팝업 창이 열린다.

2. Container style 링크를 클릭해 Container style 뷰를 연다. 여기서 APPEARANCE와 BORDER 옵션을 볼 수 있다.

3. APPEARANCE 아래에서 Padding, Opacity, Overflow를 변경할 수 있다.

4. BORDER 옵션에서 Thickness, Style, Radius, Color를 수정할 수 있다. 다음 화면을 참고한다.

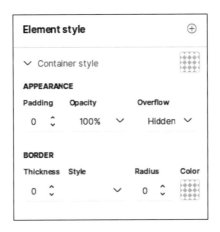

위의 화면은 APPEARANCE와 BORDER 옵션이 있는 컨테이너 스타일 뷰를 보여준다. 데이터 테이블 컨테이너 디자인을 수정하고 싶을 때 이러한 값을 변경할 수 있다.

1. Element style에서 CSS 옵션을 클릭하면 CSS 뷰가 열린다.
2. CSS 코드를 작성하기 위한 텍스트 영역과 CSS를 적용하기 위한 Apply stylesheet 버튼이 열린다.
3. 짝수 행과 홀수 행에 다음 CSS 클래스를 적용해 데이터 테이블 디자인을 수정할 수 있다.

```css
.canvasDataTable__tbody>:nth-child(even) {
    background-color: #45bdb0;
}

.canvasDataTable__tbody>:nth-child(odd) {
    background-color: #f5cc5d;
}
```

4. 앞의 CSS 코드를 붙여 넣은 후 Apply stylesheet를 클릭하면 데이터 테이블 디자인이 변경된다. 다음 화면을 참고한다.

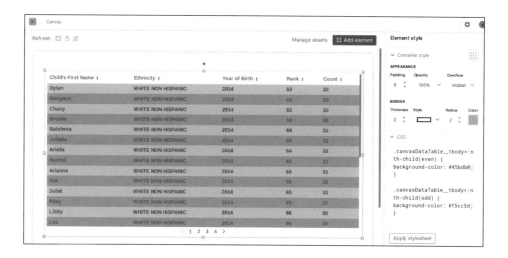

위의 화면은 컨테이너 스타일과 CSS를 통해 사용자 정의한 후 데이터 테이블을 보여준다. 여기에서 테이블의 짝수 행과 홀수 행의 색과 텍스트의 색은 다를 수 있다. 이런 방식으로 CSS 클래스를 적용해 데이터 테이블 디자인을 사용자 정의할 수 있다.

파이 차트

4장에서 파이 차트를 이미 다뤘다. 파이 차트는 전체 항목 세트에서 각 항목의 비율을 표시한다. 여기에서는 미국 정부 웹 사이트 https://catalog.data.gov/dataset/crimes2001-to-present-398a4에서 가져온 범죄 데이터 세트의 일래스틱서치 인덱스를 사용해 파이 차트를 만들어본다. 이 데이터 세트는 ID, Date, Case Number, Primary Type, Block, IUCR, Description, Location, Arrest, Domestic, Beat, District, Ward, Community Area, FBI Code, X Coordinate, Y Coordinate, Year, Latitude, Longitude, Updated On, Location 필드를 포함한다. 여기서는 범죄의 주요 유형 비율을 보고자 한다.

7장에서 CSV 데이터를 사용해 일래스틱서치 인덱스를 생성하는 단계를 이미 설명했으므로 범죄 데이터 세트에 대한 인덱스를 생성하려면 다음 단계를 따라 한다.

따라서 범죄 데이터에 따라 키바나 캔버스로 파이 차트를 만들려면 다음 단계를 따라 한다.

1. 워크패드 위의 페이지 오른쪽 상단에 있는 Add element 버튼을 클릭한다.

2. 팝업 화면에서 Pie chart 블록을 클릭하면 캔버스의 워크패드에 파이 차트가 삽입된다.

3. 파이 차트를 선택하고 오른쪽 창에서 Data 탭을 클릭한다.

4. Change your data source 링크를 클릭하면 4가지 옵션이 있는 뷰가 열린다.

5. 일래스틱서치 원시 문서 블록을 클릭하면 Index, Sort Fields, Sort Order, Fields 등을 선택할 수 있는 페이지가 열린다. crime * 인덱스 패턴을 선택해 범죄 데이터를 선택하고 Save 버튼을 클릭한다.

6. 오른쪽 상단 창에서 Display 탭을 클릭한다.

7. Slice Labels 아래의 첫 번째 출력 화면에서 Value를 선택하고 다음 드롭다운에서 Primary Type을 선택한다. 다음 화면을 참고한다.

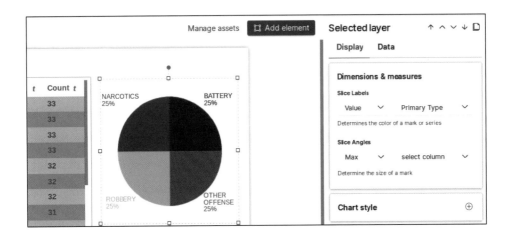

앞의 화면은 4가지 주요 범죄 유형이 포함된 파이 차트를 보여준다. 여기에 모두 25%가 표시되는데, 이는 일래스틱서치 인덱스에 대한 미국 정부의 전체 데이터 세트에서 몇 개의 레코드만 가져왔기 때문에 올바른 통계가 아닐 수 있다. 이런 방식으로 키바나 캔버스에서 파이 차트를 만들 수 있다.

파이 차트를 추가한 후 Chart style을 변경해 파이 차트를 사용자 정의할 수 있다. Chart style에는 Inner radius, Labels, Color palette, Label radius, Legend position, Radius, Series style, Text settings, Tilt angles와 같은 많은 옵션이 있다. 차트 스타일을 변경하려면 다음 단계를 따라 한다.

1. Chart style 옆에 있는 더하기 아이콘을 클릭하면 다른 옵션이 있는 팝업이 열린다.
2. Color palette 옵션을 클릭하면 파이 차트의 색상표를 선택할 수 있는 옵션이 제공된다.
3. 다음 옵션은 Inner radius로, 파이 차트를 도넛형 차트로 변환할 수 있다.
4. 그런 다음 Labels 옵션을 사용해 레이블을 활성화하거나 비활성화할 수 있다. 레이블은 파이 차트에 표시된다.
5. Label radius 옵션을 사용해 레이블 위치를 정렬할 수 있다.
6. Legend position 옵션은 범례 위치를 설정하거나 숨길 수 있다.
7. Radius 옵션을 사용해 파이 차트의 반경을 설정할 수 있다.
8. Series style 옵션은 파이 차트에서 개별 필드의 색상을 설정할 수 있다.
9. Text settings 옵션을 사용해 파이 차트의 글꼴, 텍스트 크기, 색상, 들여 쓰기를 변경할 수 있다.
10. 마지막으로 Tilt angle을 사용해 파이 차트를 기울일 수 있다.

파이 차트에 차트 스타일을 적용한 다음 화면을 참고한다.

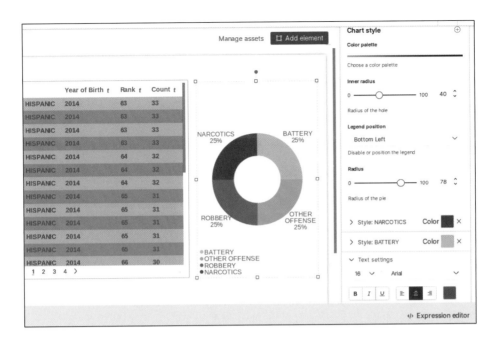

이러한 방식으로 Chart style을 사용해 파이 차트의 스타일을 변경할 수 있다. Chart style에는 Element style, Container style, CSS와 같은 옵션들이 포함된다. Element style을 적용할 수 있는 방법은 다음과 같다.

1. 팝업 화면에서 Container style을 클릭하면 Element style 옆의 더하기 아이콘을 클릭하면 나타난다.

2. Container style에서 Thickness, border Style, Radius, border Color를 제공하며 Padding, Opacity, Overview, Border를 통해 모양을 설정할 수 있다.

3. 그런 다음 CSS 옵션을 사용해 사용자 정의 CSS 코드를 제공할 수 있다.

이런 방식으로 파이 차트를 생성하고 키바나 캔버스에서 스타일을 적용할 수 있다. 매력적인 시각화를 만드는 데 유용하고 광범위한 사용자 정의 옵션을 제공한다.

이미지

캔버스에 이미지[Image] 요소 종류를 사용해 정적인 이미지를 추가한다. 캔버스 워크 패드에 이미지를 추가하려면 다음 단계를 따라 한다.

1. 요소 종류를 선택하기 위한 팝업 화면에서 이미지 블록을 클릭한다. 워크 패드에서 일래스틱 로고를 넣을 수 있다.

2. 오른쪽 편에 있는 Image 옵션들에서 이미지를 추가하려면 Asset, Import, Link 옵션을 선택한다. 이미지가 이미 추가돼 있다면 Asset 옵션에서 이미지를 선택하고 Import 옵션을 사용해 이미지를 업로드할 수 있다. Link 옵션을 사용하면 이미지에 URL을 연결시킬 수 있다.

3. Asset 아래에 이미지를 이미 추가했으므로 Asset 아래에 있는 이미지 섬네일을 클릭해 워크패드에 추가한다.

4. Element style에서 Container style을 열어 불투명도 백분율을 줄임으로써 캔버스 워크패드 배경에서 이미지를 사용할 수 있다. 워크패드에서 다른 요소를 쉽게 볼 수 있도록 30%로 설정한다.

5. 이미지를 선택한 후 오른쪽 상단 모서리의 Selected layer 텍스트 옆에 있는 Move element down layer 아이콘을 클릭한다. 다음 화면을 참고한다.

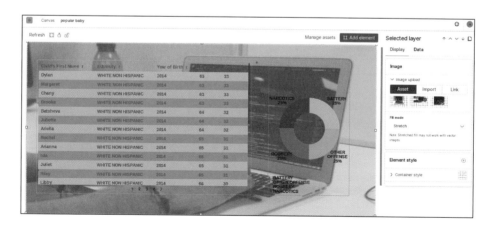

앞의 화면은 데이터 테이블, 파이 차트, 정적 이미지가 있는 키바나 캔버스 워크패
드를 보여준다. 정적 이미지는 불투명도가 30%인 백그라운드에서 설정된다. 이
런 방식으로 캔버스 워크패드에 정적 이미지를 추가할 수 있다.

캔버스에서 프레젠테이션 생성

키바나 캔버스를 사용해 파워포인트PowerPoint 프레젠테이션과는 다른 프레젠테이
션을 만들고 계속 변화하는 라이브 데이터를 보여줄 수 있다. 방금 만든 이 워크패
드를 보여준다고 생각해보자. 여기서는 데이터 테이블과 파이 차트를 사용해 실
제 워크패드 전에 소개 워크패드를 만들 수 있다. 키바나 캔버스를 사용해 프레젠
테이션을 작성하려면 다음 단계를 따라 한다.

1. 페이지 왼쪽 하단의 Page 1 링크를 클릭하면 워크패드 페이지 뷰를 열 수
   있다. 다음 화면을 참고한다.

    위의 화면은 오른쪽 편에 더하기 아이콘과 함께 현재의 워크패드를 보여
    준다.

2. 워크패드에 새로운 페이지를 추가하고자 더하기 아이콘을 클릭하면 현재
   워크패드에 새로운 페이지를 열 수 있다.

3. 이 페이지를 소개에 사용할 수 있으므로 기존 페이지보다 끌어서 놓는다.

4. 이제 Add element를 클릭해 페이지에 사용자 정의 텍스트를 추가하기 위
   한 Markdown을 추가한다. 여기에서는 메인 페이지 데이터 시각화에 대한
   개요를 추가한다.

5. 프레젠테이션에 필요한 경우 더 많은 페이지를 추가하고 다른 데이터 시각화를 표시하도록 구성한다.

6. 프레젠테이션이 완료되고 페이지 왼쪽 상단의 전체 화면 아이콘을 클릭하면 다음 화면과 같이 워크패드의 첫 페이지가 열린다.

Data table and Pie Chart

Here we will show the following:

- Data table of Popular baby names.
- Pie chart for primary type of crimes.

Anurag Srivastava

위의 화면은 프레젠테이션의 소개 페이지를 보여준다. 여기에서 발표자 이름과 함께 프레젠테이션 소개를 설정할 수 있다. 키보드의 왼쪽 키와 오른쪽 키를 사용해 다음 페이지나 마지막 페이지로 이동할 수 있다. 이 페이지를 표시한 후 키보드의 오른쪽 화살표 키를 클릭하면 다음 화면을 볼 수 있다.

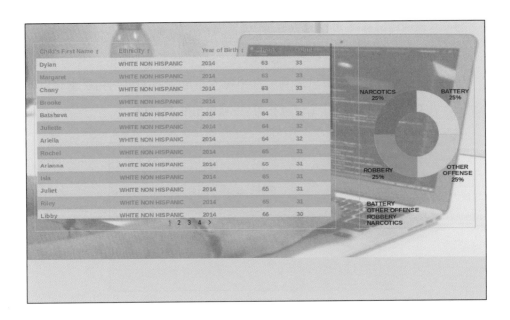

이런 방식으로 키바나 캔버스에서 동적인 프레젠테이션을 생성할 수 있다. 데이터로 무언가를 보여주고 싶다면 항상 최신 데이터로 시각화를 보여줘야 하므로 키바나 캔버스에서 프레젠테이션을 생성하는 것이 좋다.

▌키바나 플러그인

플러그인 모듈을 추가해 키바나 핵심 기능을 확장할 수 있는데, 플러그인을 관리하려면 /bin/kibana-plugin 명령을 사용할 수 있다. 키바나는 이전 버전 플러그인과의 호환성을 지원하지 않기 때문에 설치된 키바나 버전과 호환되는 키바나 플러그인을 검색해야 한다. 이제 키바나에 플러그인을 설치하는 방법을 살펴보자.

플러그인 설치

플러그인을 설치하려면 /bin/kibana-plugin 명령을 실행해야 하므로 키바나 홈 디렉터리로 이동해야 한다. 설치된 키바나 버전과 호환되는 플러그인의 이름이나 URL을 알고 있으면 다음 명령을 사용해 설치할 수 있다.

```
bin/kibana-plugin install <플러그인 이름 또는 URL>
```

URL을 제공하면 키바나는 해당 URL에서 플러그인을 다운로드하지만 이름을 제공하면 키바나 플러그인 도구는 공식 일래스틱 플러그인 디렉터리에서 다운로드를 시도한다. 예를 들어 공식적인 일래스틱 플러그인 x-pack 플러그인은 다음 명령을 사용해 설치할 수 있다.

```
bin/kibana-plugin install x-pack
```

이런 방식으로 키바나의 기능들을 확장하기 위해 호환성 있는 플러그인을 설치할 수 있다. 플러그인을 업데이트하려면 제거하고 다시 설치하므로 플러그인을 어떻게 제거하는지 알아보자.

플러그인 제거

플러그인 이름을 가진 remove 키워드를 bin/kibana-plugin 명령에 전달해 플러그인을 제거할 수 있다. 예를 들어 x-pack 플러그인을 제거하려면 다음 명령을 실행한다.

```
bin/kibana-plugin remove x-pack
```

plugins/ 디렉터리에서 플러그인의 하위 디렉터리를 삭제함으로써 플러그인을 삭제할 수 있다.

이용할 수 있는 플러그인

키바나에는 설치할 수 있는 알려진 플러그인이 있지만 먼저 플러그인 버전이 설치된 키바나 버전과 호환되는지 확인해야 한다. LogTrail과 같은 많은 플러그인이 있고, 이를 사용해 실시간으로 이벤트를 보거나 검색, 분석할 수 있다. Conveyor는 데이터를 일래스틱서치로 가져올 수 있는 또 다른 플러그인이다. Indices View 플러그인을 사용하면 일래스틱서치의 인덱스 관련된 정보를 볼 수 있다. ElastAlert Kibana Plugin 플러그인은 ElastAlert 규칙을 생성, 테스트, 편집할 수 있는 UI를 제공한다.

https:///www.elastic.co/guide/en/kibana/current/ known-plugins.html에서 알려진 플러그인의 전체 목록을 볼 수 있다. 플러그인의 기능과 호환성을 살펴본 후 키바나에 플러그인을 설치하고 플러그인의 기능을 사용할 수 있다.

▌ 요약

8장에서는 키바나 캔버스를 다뤘다. 캔버스의 소개로 시작해 캔버스의 중요성과 사용자 정의 방법을 설명했다. 이어서 캔버스를 사용해 데이터 시각화에서 창의성을 보여줬고 키바나의 플러그인을 알아봤으며, 키바나 기능을 확장할 수 있었다.

그런 다음 추후에 사용하고자 이미지를 업로드해 자산을 관리하는 방법을 다뤘다. 또한 캔버스에 다른 요소를 추가해 데이터 테이블을 만든 다음 디자인하는 방법을 배웠다. 데이터 테이블에 이어 파이 차트와 정적 이미지를 다루고 실제로 캔버스 워크패드에 추가하는 방법을 배웠다. 마지막으로 캔버스를 사용해 프레젠테이션을 만들고 프레젠테이션 중에 동적 데이터를 표시하는 데 사용할 수 있는 방법을 설명했다.

캔버스 이후에는 키바나 플러그인을 다뤘으며 플러그인의 설치와 제거 방법을 설명했다. 또한 사용할 수 있는 키바나 플러그인을 설명해 요구 사항에 따라 플러그인을 확인하고 설치할 수 있다.

9장에서는 APM을 다루고 APM을 사용해 애플리케이션의 성능에 대한 완전한 아이디어를 얻는 방법을 설명한다.

09

애플리케이션 성능 모니터링

애플리케이션 성능 모니터링^{APM, Application Performance Monitoring}은 일래스틱 스택 위에 구축되며, APM을 사용하면 애플리케이션의 성능을 모니터링할 수 있다. APM은 애플리케이션과 소프트웨어 서비스의 실시간 모니터링에 유용하다. 사용 중인 애플리케이션에 APM 에이전트를 설정하면 되므로 구성도 매우 간단하다. 현재 일래스틱 스택은 자바, 파이썬의 장고^{Django}, 플라스크^{Flask} 프레임워크, RUM-JS, Node.js, Go, 루비온레일즈^{Ruby on Rails}, 랙^{Rack} 등을 위한 APM 에이전트를 지원한다. APM 에이전트가 구성되면 HTTP 요청, 다양한 요청에 대한 응답 시간, 데이터베이스 쿼리와 같은 애플리케이션 관련 정보를 수집해서 이 정보를 APM 서버로 보내고, 처리되지 않은 예외와 오류를 수집한다.

이는 매우 중요한 정보며 이를 사용해 애플리케이션을 더욱 안정화시킬 수 있다.

기본 검색은 결과를 더 자세히 출력하고 추가 세부 정보를 얻을 수 있는 좋은 방법을 제공한다. 따라서 9장에서는 APM이 무엇인지 살펴보고 구성 방법을 알아본 후 실시간으로 애플리케이션 모니터링을 시작한다. APM을 사용하면 시스템 로그, 애플리케이션 로그, 데이터베이스 감사 데이터를 일래스틱서치에 푸시할 수 있는 일래스틱 스택과 유사한 풀 스택 모니터링 시스템을 구축할 수 있다. 이러한 방식으로 APM을 구성한 후 단일 대시보드에서 필요한 전체 세부 정보를 표시할 수 있는 종단 간 모니터링 데이터에 접근할 수 있다. 문제가 발생하면 시간 필터를 통해 필터링해 문제의 세부 정보에 접근할 수 있다. 여기서는 파이썬의 장고 프레임워크에 APM 에이전트를 사용해 APM 구성을 다룬다.

9장에서 다루는 내용은 다음과 같다.

- 애플리케이션을 사용해 APM 서버로 데이터를 전송하도록 APM 에이전트 구성
- APM 서버 소개
- APM 서버 설치와 실행
- APM에서 사전 정의된 대시보드 구성
- APM 설정과의 일래스틱서치 호환성
- 키바나의 APM 설정에 대한 기여
- APM의 실제 사용 사례

▮ APM 요소

APM은 함께 작동해 애플리케이션을 모니터링하는 네 가지 주요 구성 요소로 구성된다. 4 가지 구성 요소는 다음과 같다.

- APM 에이전트

- APM 서버
- 일래스틱서치
- 키바나

APM 에이전트는 일래스틱 APM 에이전트를 통해 지원되는 모든 애플리케이션의 에이전트로 구성할 수 있다. 에이전트가 구성되면 애플리케이션 데이터와 메트릭을 캡처해 APM 서버로 보낸다. 그런 다음 APM 서버는 이 데이터를 중앙 일래스틱서치 클러스터로 전송해 저장한다. 데이터가 일래스틱서치에 저장되면 키바나 APM UI나 대시보드에서 데이터를 검색하고 분석할 수 있다. 다음 APM 구성 요소의 아키텍처에 대한 자세한 내용은 다음 그림을 참고한다.

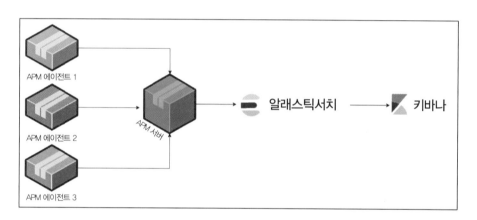

위의 그림은 APM 구성 요소의 아키텍처를 보여준다. 여기에는 APM 서버에 연결돼 APM 서버에 애플리케이션 메트릭과 데이터를 보내는 3개의 APM 에이전트가 있다. APM 서버는 키바나가 데이터를 수집해 키바나 APM UI나 대시보드에 표시하는 데이터를 일래스틱서치 클러스터로 푸시한다. 그런 다음 키바나 인터페이스에서 데이터를 검색하고 분석할 수 있다. 이러한 방식으로 애플리케이션 성능을 모니터링하고자 APM 구성 요소를 설정한다. 이제 APM 에이전트부터 시작해 각 APM 구성 요소를 자세히 살펴보자.

APM 에이전트

일래스틱 APM 에이전트는 지원되는 언어와 프레임워크로 구성할 수 있는 오픈소스 라이브러리다. 이는 에이전트가 지원하는 것과 동일하게 자국어로 구축돼 있기 때문에 구성하기가 매우 쉽다. 이 책에서는 파이썬으로 작성된 파이썬 장고 프레임워크를 사용해 쉽게 구성할 수 있는 파이썬 장고용 APM 에이전트의 예를 살펴본다. 애플리케이션에 다른 라이브러리를 설치하는 것과 같은 방식으로 APM 에이전트를 라이브러리로 설치할 수 있다. APM 에이전트가 구성되면 런타임에 애플리케이션에서 데이터, 메트릭, 오류 등을 수집하는 데 사용할 수 있다. APM 에이전트는 일정 기간 동안 데이터를 기다린 다음 APM 서버로 전송한다. APM 서버는 이 데이터를 일래스틱서치 클러스터로 전송해 추가 분석을 위해 저장한다. 키바나는 일래스틱서치에서 이 APM 데이터를 가져와 전용 APM UI를 사용하거나 APM 데이터로 구성한 후 대시보드를 사용해 메트릭을 표시한다.

일래스틱에는 더 많은 APM 에이전트가 다양한 애플리케이션 언어와 프레임워크를 지원할 수 있도록 전담 APM 팀이 있다. 공식 일래스틱 APM 라이브러리에서는 자바, Go, 파이썬, RUM-JS, 루비온레일즈, 랙 등을 지원한다. 공식 에이전트 외에도 메트릭과 데이터를 APM 서버로 보내도록 구성할 수 있는 다른 에이전트도 얻을 수 있다. 키바나의 APM 페이지에서 Setup Instructions 버튼을 클릭한 후 APM 설치 지침을 확인해 APM을 구성할 수 있다.

다음 화면에서 보는 것처럼 APM 서버와 에이전트를 설정하고자 설치 페이지는 명령들을 목록화한다.

맨 위에서 자바, RUM(JS), Node.js, 장고, 플라스크, 루비온레일즈, 랙, Go와 같은
다양한 언어 지원과 프레임워크에서 APM 에이전트를 구성하기 위한 지시 사항들
을 볼 수 있다. 구성 섹션 아래에서는 에이전트가 올바르게 구성됐는지 여부를 확
인할 수 있는 Agent status가 있다. 마지막으로 인덱스 패턴, 시각화, 사전 정의된
대시보드를 불러오는 데 사용할 수 있는 Load Kibana objects 옵션이 있다. 모든 것
이 올바르게 구성되면 Launch APM 버튼을 클릭해 APM 페이지를 시작한다. 이러
한 방식으로 단일 지침 페이지에서 APM 에이전트를 구성하고 설정한 후 애플리
케이션에서 데이터와 메트릭을 가져올 수 있다.

APM 서버

APM 서버는 일래스틱 스택과 함께 무료로 제공되며 라이선스를 구입할 필요가 없다. Go 언어로 작성됐으며 애플리케이션으로 구성할 수 있는 다른 APM 에이전트에서 데이터를 받는다. 기본 포트인 8200을 수신하고 HTTP API를 통해 JSON 형식의 데이터를 수신한다. 다른 에이전트에서 데이터를 수신한 후 APM 서버는 데이터를 그룹화해 일래스틱서치가 인덱스를 생성할 수 있는 문서를 만든 다음 일래스틱서치로 보낸다. 일래스틱 스택은 백그라운드에서 비츠 프레임워크를 사용해 APM 서버를 만들고 비츠의 기능을 활용한다.

APM 서버는 일반적으로 전용 컴퓨터에 설치되는 별도의 구성 요소다. APM 에이전트와 일래스틱서치 사이에 있으며 APM 에이전트에서 수신한 데이터를 일래스틱서치로 보내기 전에 변환한다. APM 서버는 쉽게 확장할 수 있으므로 요구 사항에 따라 APM 서버를 확장할 수 있다. 이렇게 하면 APM 에이전트의 데이터를 직접 처리하고 일래스틱서치가 브라우저에 노출되지 않으므로 보안 위협을 피할 수 있다. 또한 일래스틱서치로 전송하는 데이터의 양을 제어하고 일래스틱서치가 다운될 경우를 대비해 데이터를 보관해놓을 수 있다. 다른 언어와 프레임워크에 따라 다른 유형의 에이전트를 가질 수 있다. 이들은 다른 유형의 데이터를 전송하는 데 사용되므로 일래스틱서치로 전송하기 전에 형식을 통합하는 것이 APM 서버의 작업이다. APM 페이지에서 Setup Instructions 버튼을 클릭해 APM 서버 설치와 구성 지침을 열 수 있다.

다음의 링크는 APM 설정 페이지에서 APM 서버 설정 섹션의 구체적인 화면을 보여준다.

https://github.com/PacktPublishing/Learning-Kibana-7-Second-Edition/tree/master/Images

위 링크의 화면에서는 맥OS, DEB, RPM, 윈도우와 같은 환경에서 APM 서버의 설치 단계를 자세히 설명하고, APM 서버를 시작하는 방법과 서버 상태를 확인하는 방법에 대한 지침도 제공한다. 단일 Setup Instructions 페이지를 사용해 APM 서버와 APM 에이전트를 설치하고 구성할 수 있다. 이제 다른 운영체제에서 APM 서버의 설치 프로세스를 확인해보자.

APM 서버 설치

사용하는 운영체제를 기반으로 일래스틱의 APM 다운로드 페이지에서 APM 서버를 다운로드한다. 일단 APM 서버가 다운로드되면 YUM이나 APT에서 저장소를 사용해 설치할 수 있으며, 윈도우에서는 서비스로 설치할 수 있다. 이제 다른 운영체제에서 설치하는 과정을 알아보겠다.

APT

다음의 단계를 따라 하면 APT 저장소를 통해 APM 서버를 설치할 수 있다.

1. 먼저 공개 서명키를 다운로드한 다음 설치한다.

```
wget -qO - https://artifacts.elastic.co/GPG-KEY-elasticsearch |
sudo apt-key add -
```

2. 다음 명령을 사용해 데비안에 apt-transport-https 패키지를 설치한다.

```
sudo apt-get install apt-transport-https
```

3. 그 후 다음 명령을 통해 저장소 정의를 /etc/apt/sources.list.d/elastic-7. x.list에 저장한다.

```
echo "deb https://artifacts.elastic.co/packages/7.x/apt stable
main" | sudo tee -a /etc/apt/sources.list.d/elastic-7.x.list
```

4. 저장소 정의를 추가한 후에 **apt-get update**를 동작시키고, 다음 명령을 실행함으로써 APM 서버를 설치한다.

```
sudo apt-get update && sudo apt-get install apm-server
```

5. 이러한 방식으로 APM 서버를 설치한다. 부팅할 때마다 자동으로 시작하도록 구성하려면 다음 명령을 실행한다.

```
sudo update-rc.d apm-server defaults 95 10
```

이러한 방식으로 APT 저장소를 사용해 APM 서버를 설치하고 설정할 수 있다. 이제 YUM 저장소를 사용해 APM 서버를 설치해보자.

YUM

YUM 저장소를 사용해 APM 서버를 설치하고자 다음 과정을 수행한다.

1. 먼저 공개 서명키를 다운로드해 **it.sudo**를 설치한다.

```
rpm --import https://packages.elastic.co/GPG-KEY-elasticsearch
```

2. .repo 확장자를 사용해 일래스틱 repo 파일을 작성해야 한다. /etc/yum.repos.d/ 디렉터리 안에 elastic.repo 파일을 만들고 다음 내용을 추가한다.

```
[elastic-7.x] n
ame=Elastic repository for 7.x packages
baseurl=https://artifacts.elastic.co/packages/7.x/yum
gpgcheck=1
gpgkey=https://artifacts.elastic.co/GPG-KEY-elasticsearch
enabled=1
autorefresh=1
type=rpm-md
```

3. elastic.repo 파일 내에 이전 내용을 추가하면 저장소가 준비된 상태가 되고 난 후에 다음 명령을 사용해 APM 서버를 설치할 수 있다.

```
yum install apm-server
```

4. 매번 부팅할 때마다 자동으로 시작하기 위한 APM 서버를 설정하려면 다음 명령을 실행한다.

```
sudo chkconfig --add apm-server
```

이러한 방식으로 YUM 저장소를 사용해 APM 서버를 설치하고 설정할 수 있다.

윈도우에서 APM 서버 설치

윈도우에서 APM 서버를 설치하려면 다음 단계를 따라 한다.

1. 먼저 일래스틱의 APM 다운로드 페이지(https://www.elastic.co/downloads/apm)에서 윈도우 ZIP을 다운로드한다.
2. ZIP을 다운로드하고 파일을 C:\Program Files에 추출한다.
3. 추출한 디렉터리 이름을 apm-server-<version>-windows에서 APM-Server로 변경한다.

4. 관리자 권한을 사용해 파워셸을 열고 다음 명령을 수행한다.

```
PS > cd 'C:\Program Files\APM-Server'
PS C:\Program Files\APM-Server> .\install-service-apm-server.ps1
```

5. 이전 명령을 성공적으로 수행한 후에 윈도우에서 APM 서버를 설치한다.

APM 서버 실행

APM 서버가 시스템에 설치되면 이를 시작해 APM 에이전트에서 데이터를 얻을
수 있다. APM 서버를 시작하려면 다음 명령을 실행한다.

```
./apm-server -e
```

-e 글로벌 플래그인 경우 stderr에 로깅을 활성화하고 syslog나 파일 출력을 비활
성화할 수 있다.

APM 서버 설정

apm-server.yml 설정 파일을 사용해 APM 서버를 설정한다. 이 파일을 사용해
APM 서버가 데이터, 호스트, 포트를 보내는 일래스틱서치 엔드포인트(또는 계정)
를 바꿀 수 있다. 다음 코드 조각은 config 파일 데이터의 예다.

```
apm-server:
   host: "localhost:8200"
   rum:
      enabled: true
queue.mem.events: 4096
max_procs: 4
```

host, max_header_size, read_timeout, write_timeout, shutdown_timeout, max_event_size, max_connection, secret_token, flush.timeout과 같은 APM 서버 설정 파일에서 변경할 수 있는 다른 옵션이 있다. 다음 표현식과 같이 hosts, username, password를 제공해 일래스틱서치 출력을 설정할 수 있다.

```
output.elasticsearch:
    hosts: ["https://localhost:9200"]
    username: "apm-server_internal"
    password: "YOUR_PASSWORD"
```

이 표현식에서 APM 서버를 사용해 일래스틱서치 호스트 주소, 사용자 이름, 비밀번호를 제공했다. 그 후 APM 서버가 데이터를 연결해 일래스틱서치에 보낸다. 이러한 방식으로 요구 사항에 따라 구성을 수정할 수 있다.

일래스틱서치

APM 서버는 APM 에이전트에서 수신한 메트릭과 오류 데이터를 일래스틱서치 클러스터로 보낸다. 일래스틱서치의 검색과 집계 기능을 활용해 APM 데이터를 분석할 수 있다. 따라서 일래스틱서치는 기본적으로 모든 APM 데이터를 저장한 다음 키바나에서 분석하거나 시각화할 수 있다.

키바나

키바나에는 APM 데이터를 시각화하는 두 가지 옵션이 있다. 첫 번째 옵션은 왼쪽 메뉴의 APM 링크에서 사용할 수 있는 전용 APM UI를 사용하는 것이고, 두 번째 옵션은 기본 키바나 대시보드를 사용하는 것이다. 이 대시보드는 주로 다른 데이터 소스를 시각화하는 데 사용된다. 일래스틱 스택을 사용해 APM 서버를 설치하고 구성하는 방법을 살펴봤으므로, APM을 사용해 파이썬 장고 애플리케이션을 구성하는 방법을 알아보자.

▌ APM으로 애플리케이션 구성

지금까지 APM 에이전트와 APM 서버의 설치와 구성 방법을 알아봤다. 이제 데이터와 메트릭에 접근해 APM 서버에 전송하도록 APM 에이전트를 구성하는 실제 사례를 살펴보겠다. 여기서는 파이썬 장고 프레임워크에 만들어진 간단한 블로그 웹 사이트의 예를 들어볼 것이다. 이를 위해 다음 단계를 수행한다.

1. 장고 애플리케이션을 위한 APM 에이전트 구성
2. 장고 애플리케이션 실행
3. APM UI나 키바나 대시보드를 사용해 APM 데이터 모니터링

Setup Instructions 페이지에서 APM 에이전트나 APM 서버의 상태를 확인한다.

APM Agents 지시 사항을 보여주는 화면은 다음 링크에서 확인할 수 있다.

https://github.com/PacktPublishing/Learning-Kibana-7-Second-Edition/tree/master/Images

위 링크의 화면에서 장고 구성 단계는 순서대로 단계를 표시하므로 볼 수 있다. 첫 번째 단계는 APM 에이전트를 설치한 다음 에이전트를 구성한다. 그런 다음 에이전트 상태^{Agent status}를 확인하고 마지막으로 키바나 객체를 로드할 수 있다. 이러한 방식으로 에이전트를 설치한 다음 모든 것이 올바르게 구성됐는지 모니터링할 수 있다. 모든 것이 작동하면 Launch APM 버튼을 클릭해 APM 페이지를 시작한다.

장고 애플리케이션을 위한 APM 에이전트 구성

여기에서는 블로그 생성과 목록 작성을 위한 파이썬 장고 애플리케이션의 예를 살펴본다. 다음 절에서는 파이썬 장고로 생성된 이 블로그 애플리케이션을 자세히 설명한다. 그러나 먼저 키바나에서 애플리케이션의 성능 데이터를 얻을 수 있도록 이 프로그램으로 APM 에이전트를 구성하는 방법을 설명한다.

1. 파이썬으로 APM 에이전트를 실행하기 위한 장고를 설정하고자 다음 명령을 실행해 elastic-apm 모듈을 설치한다.

```
pip install elastic-apm
```

2. 장고 프로그램으로 APM을 설정하고 에이전트를 설정한다. Settings.py 파일에서 다음과 같은 내용으로 변경한다.

```
# 에이전트를 설치된 앱에 추가하기
INSTALLED_APPS = (
    'elasticapm.contrib.django',
    # ...
)
ELASTIC_APM = {
    # 요구된 서비스 이름 설정. 허용된 문자:
        # a-z, A-Z, 0-9, -, _, 공백
        'SERVICE_NAME': 'django application',

        # APM 서버에 토큰이 필요한 경우 사용
        'SECRET_TOKEN': 'mysecrettoken',

        # 사용자 지정 APM 서버 URL 설정(default: http://localhost:8200)
        'SERVER_URL': 'http://localhost:8200',
    }

# 성능 메트릭을 보내고자 추적한 미들웨어 추가
```

```
MIDDLEWARE = (
    'elasticapm.contrib.django.middleware.TracingMiddleware',
    #...
)
```

settings.py 파일의 이전 변경 사항을 사용해 APM 에이전트를 파이썬 장고 애플리케이션으로 구성할 수 있다.

3. settings.py 파일에서 이러한 변경을 적용한 후에는 프로그램을 시작한 다음 Setup Instructions 페이지에서 모든 것이 예상대로 작동하는지 확인할 수 있다.

장고 애플리케이션 실행

이 책의 깃허브 저장소(https://github.com/PacktPublishing/Learning-Kibana-7-Second-Edition)에서 장고 블로그 프로그램을 다운로드할 수 있다. 블로그 프로그램을 더 알아보고 실행하는 방법을 살펴보자.

1. 깃허브 페이지에서 애플리케이션을 다운로드할 수 있다. 그 후 다음 명령을 수행하고자 메인 디렉터리를 탐색한다.

```
# 마이그레이션하기
python3 manage.py makemigrations

# 테이블 마이그레이션
python3 manage.py migrate

# 서버 구동
python3 manage.py runserver
```

2. 이전 명령을 성공적으로 수행한 후에 다음 URL을 사용해 서버를 실행한다.

```
http://127.0.0.1:8000/blogs
```

3. 다음 링크를 사용해 swagger에 접근한다.

```
http://127.0.0.1:8000/swagger/
```

이 애플리케이션은 매우 간단하다. 사용자는 블로그를 추가하고 API를 사용해 블로그를 나열할 수 있다. 다음 화면은 블로그 추가를 위한 장고의 기본 UI다.

앞의 화면은 장고 블로그 애플리케이션 UI 화면을 보여준다. 여기서 블로그를 추가하고 나열할 수 있으며, 이런 방식으로 장고 애플리케이션으로 APM 에이전트를 구성할 수 있다. 마찬가지로 APM 에이전트는 지원되는 모든 언어와 프레임워크에서 구성할 수 있다. Setup Instructions 페이지에서 Check agent status 버튼을 클릭해 APM 에이전트가 데이터를 전송하고 있는지 확인할 수 있다.

APM 데이터 모니터링

APM 에이전트가 구성되고 데이터 전송을 시작하면 APM UI를 사용하거나 키바나 대시보드를 통해 APM 데이터를 모니터링할 수 있다. Setup Instructions 페이지에서 Launch APM 버튼을 클릭해 APM 페이지를 열거나 다음 화면과 같이 왼쪽 메뉴에서 APM 링크를 클릭해 페이지를 직접 열 수 있다.

APM				Setup Instructions
Q Search transactions and errors... (E.g. transaction.duration.us > 300000 AND context.response.status_code >= 400)				
Services Traces				
Name ↑	Agent	Avg. response time	Trans. per minute	Errors per minute
django application	python	13 ms	5.5 tpm	0 err.

위의 화면은 django application인 APM 서비스 이름을 보여준다. 이 이름은 장고 애플리케이션 내에서 APM 에이전트 구성을 위해 구성됐다. 서비스 이름을 클릭하면 세부 정보를 확인할 수 있고, 세부 사항의 화면은 다음 링크에서 확인할 수 있다.

https://github.com/PacktPublishing/Learning-Kibana-7-Second-Edition/tree/master/Images

위 링크의 화면에서는 Transaction duration, Requests per minute와 같은 그래프 형태로 거래 세부 사항을 보여준다. 그래프 아래에서 평균 지속 시간, 95번째 백분위수, 분당 트랜잭션, 영향과 함께 GET과 POST 같은 다양한 유형의 요청을 볼 수 있다. 요청 유형 링크를 클릭하면 해당 유형에 대한 자세한 내용을 볼 수 있는데, 예를 들어 Transaction duration distribution, Transaction sample을 볼 수 있다. 트랜잭션 샘플 아래에서 요청된 분할을 보여주는 타임라인^{Timeline}을 볼 수 있다. URL과 포트 세부 사항을 표시하는 url, cookies, env, headers, method, socket, response의 세부 사항, headers와 status code를 포함한 응답 세부 사항을 표시한다.

또한 호스트 이름, 아키텍처, 플랫폼, IP, 이름, OS 세부 정보를 표시하는 Host 탭이 있다. Host 옆에서 루틴 이름과 버전, 프레임워크 이름과 버전, 언어 이름과 버전 같은 Service 세부 사항을 볼 수 있다. 다음으로 프로세스 ID와 인수를 얻는 데 사용할 수 있는 Process 링크가 있고, User 링크를 사용해 사용자 세부 정보를 볼 수 있다. GET 요청 유형의 세부 사항 페이지를 보여주는 화면은 다음 링크에서 확인할 수 있다.

https://github.com/PacktPublishing/Learning-Kibana-7-Second-Edition/tree/master/Images

위 링크의 화면에서는 Transactions duration distribution, Transaction sample 세부 사항을 볼 수 있는 GET 요청의 세부 사항을 보여준다. 다음 화면처럼 Services 탭 옆에 있는 Traces 링크를 클릭하면 GET이나 POST와 같은 요청의 다른 종류를 볼 수 있다.

APM				Setup Instructions
Q Search transactions and errors... (E.g. transaction.duration.us > 300000 AND context.response.status_code >= 400)				
Services Traces				
Name	Originating service	Avg. response time	Traces per minute	Impact ↓
POST blogs.views.BlogsClass	django application	18 ms	2.4 tpm	
GET blogs.views.BlogsClass	django application	9 ms	1.8 tpm	
	django application	8 ms	1.267 tpm	

위의 화면에서 POST과 GET 요청을 볼 수 있고 링크를 클릭해 세부 정보를 확인할 수 있다. 이런 방식으로 애플리케이션을 모니터링하고 문제가 있는 경우 애플리케이션을 디버깅하는 데 필요한 모든 세부 정보를 얻을 수 있다. Setup Instructions 페이지에서 Load Kibana objects 버튼을 클릭하면 저장된 객체, 시각화, 대시보드 등을 가져오거나 접근해 애플리케이션 모니터링 데이터를 볼 수 있다. 이러한 방식으로 APM 에이전트와 서버를 사용해 모든 애플리케이션에 대한 모니터링을 구성할 수 있다.

▌요약

9장에서는 일래스틱 APM을 사용한 애플리케이션 모니터링을 설명했다. APM의 소개로 시작해 APM을 사용해 애플리케이션의 성능을 모니터링하는 방법을 알아본 다음 에이전트, 서버, 일래스틱서치, 키바나와 같은 APM의 다양한 구성 요소를 다뤘다. 다음으로 APM 서버와 APM 에이전트의 설치와 구성을 설명한 후 블로그 작성과 목록 작성을 위해 파이썬 장고 애플리케이션을 사용해 APM 에이전트 구성을 살펴봤다. APM 에이전트를 구성하고 나면 다양한 메트릭과 그래프를 통해 APM UI를 검사해 애플리케이션을 모니터링하는 데 사용할 수 있다.

10장에서는 키바나의 머신러닝 기능을 다뤄 데이터의 이상을 탐지하고 현재 데이터 세트를 사용해 미래 트렌드에 접근하는 방법을 설명한다.

키바나를 사용한 머신러닝

데이터가 빠른 속도로 성장하고 있는 디지털 혁신 시대에 있다. 데이터 크기가 날로 증가함에 따라 상세하게 검색하고 의미 있는 정보를 얻기가 어렵기 때문에 많은 복잡성이 발생하고 있다. 많은 사람이 기존의 전통적인 방법을 사용해 애플리케이션에서 문제를 식별하지만 모니터링 도구를 사용해 이러한 문제를 식별하는 사람의 수도 점차 증가하고 있다.

애플리케이션에 문제가 있고 운영 로그를 통해 근본 원인을 상세 검색하려는 간단한 예를 들어보자. 이를 수행하는 한 가지 방법은 문제가 발생했을 때 사용한 것과 동일한 시계열을 사용해 모든 관련 데이터를 깊이 검색하는 것이다. 또 다른 방법은 머신러닝을 사용해 데이터의 이상 부분을 쉽게 찾을 수 있게 하는 것이다. 따라서 머신러닝을 사용하면 사람이 수동으로 대시보드를 검사하거나 규칙을 작성해 문제를 포착할 수 있는 시간과 복잡성을 줄일 수 있다.

10장에서 다루는 내용은 다음과 같다.

- 일래스틱 머신러닝 소개
- 머신러닝 기능
- 머신러닝 작업 생성
- 데이터 비주얼라이저
- 단일 메트릭 작업
- 머신러닝을 이용한 예측
- 다중 메트릭 작업
- 인구 작업

일래스틱 머신러닝 소개

머신러닝을 통해 사이버 공격, 비즈니스 문제, 인프라 관련 문제와 같은 데이터 이상 관련 문제를 파악할 수 있다. 일래스틱 머신러닝은 비지도학습을 사용하며, 시계열 데이터의 정상적인 동작을 자동으로 모델링한다. 모델을 생성하고자 실시간으로 트렌드와 주기성을 학습하고 해당 모델을 사용해 데이터의 이상을 식별한다. 일래스틱서치를 통한 일래스틱 머신러닝^{Elastic Machine Learning} 기능은 직관적인 UI를 제공하므로 키바나에서 머신러닝 결과를 시작, 모니터링, 시각화할 수 있다. 머신러닝 기능을 사용하려면 X-Pack 라이선스를 기본 라이선스로 가져와야 한다. 데이터 비주얼라이저만을 사용해 일래스틱서치에 저장된 데이터를 탐색할 수 있다.

일래스틱 머신러닝은 운영 로그, 비츠 데이터, 기타 애플리케이션 데이터 같은 시계열 데이터와 함께 작동하며, 머신러닝 작업은 데이터의 정상적인 추세를 읽어

기준을 만든다. 따라서 기본적으로 일래스틱 머신러닝은 비지도학습을 사용해 데이터의 이상을 식별하는 모델을 만든다. 기준선이 생성되면 향후 추세를 예측하고 데이터의 이상을 탐지할 수 있다. 이런 방식으로 모델이 생성되면 다른 이유로 동작을 예상할 수 있다. 예를 들어 웹 사이트를 운영 중이고 향후 2년 동안 웹 사이트에 등록할 사용자 수나 다음 주말에 예상되는 트래픽 양을 알고 싶은 경우다. 이런 방식으로 머신러닝은 데이터를 읽는 것만으로도 중요한 정보를 제공할 수 있고, 그렇지 않으면 수동으로 추출하기가 어렵다.

머신러닝 기능

일래스틱 스택을 사용해 애플리케이션의 성능과 데이터베이스, 애플리케이션 로그, 시스템 로그, 패킷 세부 정보를 모니터링하는 데 사용할 수 있는 전체 스택 모니터링 시스템을 만들 수 있다. 이런 방식으로 시스템의 완전한 정보를 유지할 수 있으며, 모두 시계열을 통해 연결돼 있기 때문에 문제의 근본 원인을 쉽게 확인할 수 있다. 이 모니터링은 가능한 모든 데이터 세트의 세부 정보를 얻는 데 매우 유용하지만 시스템에서 비정상적인 상황이 발생하는지 여부와 비정상적인 동작의 원인을 어떻게 알 수 있을까? 머신러닝은 데이터에서 이상 부분을 자동으로 찾아 세부 사항을 보여주므로 이러한 유형의 세부 사항을 찾는 데 도움이 된다. 이러한 사용 사례 중 일부는 다음과 같다.

- 애플리케이션 요청이 비정상적으로 감소하거나 증가하는지 확인
- 비정상적인 네트워크 활동이나 사용자 행동 식별
- 애플리케이션이 느리게 실행돼 병목 현상이 발생하는 것 캐치
- 애플리케이션의 정상적인 동작에 대한 아이디어 얻기
- 데이터에 이상이 있는지 여부 감지
- 애플리케이션에서 문제의 근본 원인 식별

- 미래 트렌드 예측

위의 사례는 일래스틱 스택에서 머신러닝의 사용 사례며, 이를 사용해 매우 중요한 문제를 해결할 수 있다. 이제 머신러닝 작업을 생성하고 결과를 분석하는 프로세스를 살펴보자.

머신러닝 작업 생성

지금까지 머신러닝이란 무엇이며 어떤 기능이 있는지를 알아봤다. 그러나 머신러닝의 이점을 얻으려면 실제 머신러닝 작업을 실행해야 하므로 일래스틱서치 데이터를 사용해 머신러닝 작업을 만드는 방법을 살펴본다. 새로운 머신러닝 작업을 만들려면 다음 단계를 따라 한다.

1. 키바나의 왼쪽 메뉴에서 머신러닝 링크를 클릭하면 작업 관리 화면이 열린다. 이 페이지에서 다음 화면과 같이 이미 생성된 작업 목록을 볼 수 있다.

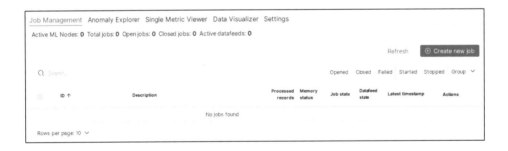

위의 화면은 머신러닝의 Job Management를 보여준다.

2. 새로운 작업을 만들려면 Create new job 버튼을 클릭한다.

3. Create new job 버튼을 클릭하면 인덱스나 저장된 검색에서 선택할 수 있는 데이터 선택 페이지를 열 수 있다. 여기로부터 특정 인덱스 패턴(예를 들어

kibana_sample_data_flights)을 선택할 수 있다. 이를 통해 다음 화면을 열
수 있다.

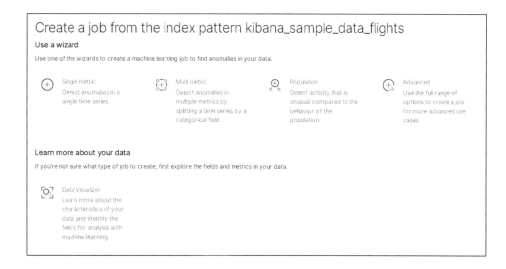

위의 화면에서 새 머신러닝 작업을 생성하는 다양한 옵션이 있는 페이지를 볼 수
있다. 여기에서 Single metric, Multi metric, Population, Advanced와 같은 다양한 유
형의 작업을 만들 수 있다. 머신러닝 작업을 적용해야 하는 데이터와 필드를 잘
모르는 경우 머신러닝 작업을 만들기 전에 데이터 비주얼라이저 도구를 사용하면
데이터를 이해하는 데 도움을 받을 수 있다. 데이터 비주얼라이저는 데이터를 분
석하고 데이터를 쉽게 이해할 수 있는 뷰를 제공한다.

데이터 비주얼라이저

데이터 비주얼라이저^{Data visualizer} 도구를 사용해 데이터에 대한 자세한 내용을 이해할
수 있다. 이 옵션은 머신러닝 분석에 적용할 필드를 식별할 수 있는 데이터의 특성
을 자세히 알려준다. 여기서 머신러닝 작업을 실행하기 위한 키바나 sample data
flights의 예를 살펴보자. 이 데이터에 대한 자세한 내용을 보려면 마법사 화면
에서 Data Visualizer 링크를 클릭하면 비행 데이터의 Metrics와 Fields 뷰가 있는

데이터 비주얼라이저 화면이 열린다. 다음 화면은 페이지의 Metrics 뷰를 보여
준다.

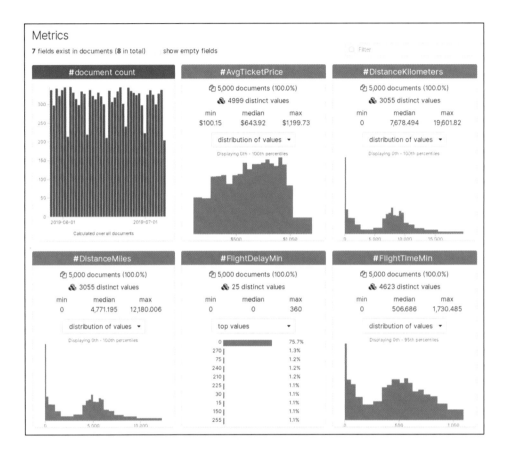

위의 화면은 데이터 비주얼라이저의 첫 번째 섹션인 Metrics다. 여기에서 문서 수,
평균 티켓 가격, 킬로미터 거리, 마일 거리, 비행 지연 시간(분), 비행시간, 요일과
같은 다양한 메트릭의 그래프를 볼 수 있다. 이 그래프는 최솟값, 최댓값, 중앙값,
고윳값, 총 문서 수와 같은 모든 메트릭의 스냅샷 뷰를 제공한다. 드롭다운 메뉴를
사용해 그래프 분포를 값 분포에서 최상위 값으로만 변경할 수 있다.

이러한 방식으로 이러한 메트릭을 사용해 머신러닝 작업을 사용하는 데이터 메트릭의 아이디어를 얻을 수 있다. 다음 화면은 데이터 비주얼라이저 페이지의 일부를 보여준다.

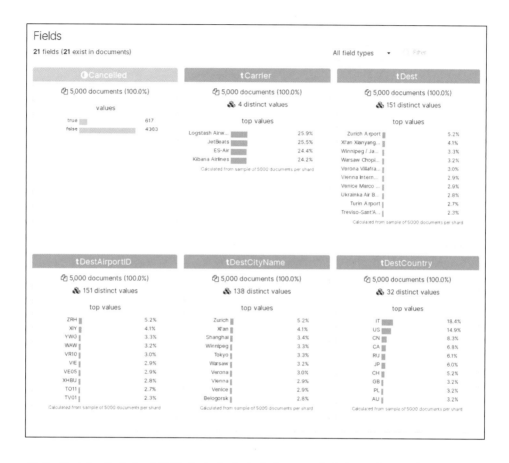

위의 화면은 데이터 비주얼라이저 페이지의 Field 섹션을 보여주는데, 여기에 포함된 다양한 값 세트와 함께 다양한 인덱스 필드가 표시된다. 각 필드마다 총 문서수, 고윳값, 최상위 값을 얻을 수 있는 별도의 블록이 있고, 이 섹션에서 인덱스의 각 필드에 대한 세부 사항을 얻을 수 있다.

이러한 방식으로 실제 머신러닝 작업을 실행하기 전에 머신러닝 작업을 적용할 필드를 이해하고 결정하고자 데이터 비주얼라이저를 통해 보는 것이 좋다. 이제 단일 메트릭과 다중 메트릭 작업을 작성하는 방법을 살펴보자.

단일 메트릭 작업

단일 메트릭 작업에는 수행할 분석 유형과 분석할 필드를 정의하는 단일 검출기 single detector가 있다. 검출기는 최대 또는 평균과 같이 발생할 분석 유형을 정의한다. 따라서 기본적으로 단일 메트릭 작업은 단일 필드를 사용해 머신러닝을 실행하는 작업이다. 이제 머신러닝을 사용하는 실용적인 예를 알아보자.

머신러닝을 설명하기 위한 실제 사례

여기서는 단일 메트릭 작업을 수행하고자 키바나 sample data flights의 예를 살펴본다. 데이터는 기본적으로 일래스틱 스택과 함께 제공되며, 키바나 UI를 사용해 쉽게 다운로드할 수 있다. 이 작업을 마친 후 다음 단계를 따라 한다.

1. 마법사 화면에서 단일 메트릭 상자를 클릭하고 Aggregation를 Max, Field를 FlightDelayMin, Bucket span을 15m로 설정하면 필드 메트릭이 표시된 차트가 표시된다. 데이터가 로드되지 않은 경우 페이지 오른쪽 상단에서 전체 Use kibana_sample_data_flights data 버튼을 클릭한다.
2. Name과 Description에서 작업을 추가한다. 다음 화면은 작업 생성 페이지를 보여준다.

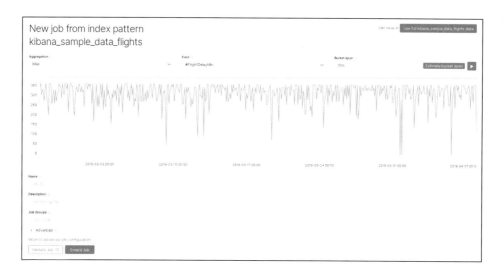

위의 화면은 Kibana_sample_data_flights 인덱스 패턴을 사용하는 단일 메
트릭 작업 작성 페이지를 보여준다. 대괄호 범위가 15분인 FlightDelayMin
필드의 최댓값을 사용해 데이터를 집계하고, 텍스트 필드 아래에 구성된
집계를 시각화하는 그래프가 표시된다. 그래프 아래에서 작업을 작성하
기 전에 Name, Description, Job Groups 등을 추가하는 텍스트 상자가 표시
된다.

3. 상세 정보를 채운 후에 Create job 버튼을 클릭한다. 이는 작업의 생
성을 위한 성공 메시지와 함께 작업을 생성한다. 다음 화면을 참고
한다.

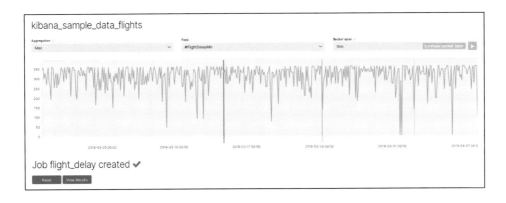

위의 화면은 작업이 생성될 때 확인 페이지를 보여준다. View Results 버튼을 클릭하면 결과를 볼 수 있다. 다음 화면은 단일 메트릭 머신러닝 작업의 결과를 보여준다.

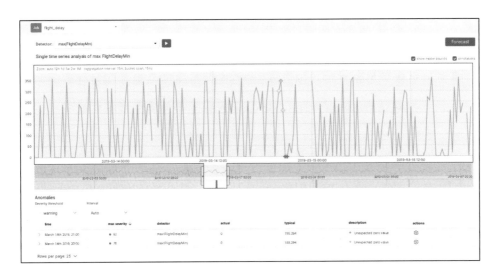

위의 화면은 Kibana_sample_data_flights 인덱스 패턴에 대한 단일 메트릭 머신러닝 작업 결과를 보여준다. 여기에서 데이터에 특이한 동작을 나타내는 다른 마커가 있는 그래프를 볼 수 있다. 그래프에서 두 개의 빨간색 표시를 볼 수 있는데, 마커 위로 마우스를 가져가면 이상 점수, 다중 버킷 영향, 값, 상한 및 하한과 같은 다양한 정보가 포함된 팝업이 표시된다. 다음 화면에서는 이상 부분에 대한 테이블 형식 데이터를 볼 수 있다. 여기에는 이상 시간, 최대 심각도, 감지기, 실제 값, 일반적인 값, 설명, 작업 링크가 표시된다. 표 형식 데이터의 행은 축소 가능하므로 화살표 아이콘을 클릭해 확장할 수 있다. 확장된 뷰에서 다음 화면과 같이 기능, 필드 이름, 작업 ID, 다중 버킷 영향, 확률과 같은 다른 세부 정보도 볼 수 있다.

위의 화면은 비정상 데이터의 확장된 뷰를 보여준다. 이를 통해 특정 예외의 세부 정보를 얻을 수 있다. 같은 방식으로 데이터의 비정상적인 동작을 나타내는 그래프의 모든 마커에 대한 세부 정보를 볼 수 있다. 이러한 방식으로 키바나에서 단일 메트릭 머신러닝 작업을 생성하고 데이터의 이상을 식별할 수 있다.

머신러닝을 사용한 예측

이상 탐지를 제외하고 미래 예측을 위해 머신러닝을 사용할 수도 있다. 이는 미래를 계획할 수 있는 매우 중요한 기능이다. 키바나 머신러닝에서는 예측을 생성할 요일을 제공하면, 예측은 현재 데이터를 읽고 미래 추세를 예측할 수 있는 방법이다. 트렌드를 예측하고 싶을 경우 오른쪽 그래프 위에 있는 Forecast 버튼을 클릭하면 다음 화면과 같이 예측 기간을 선택하는 팝업이 열린다.

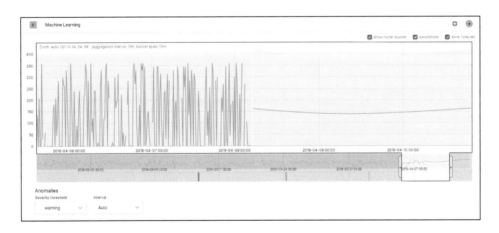

위의 화면에서 기간을 입력할 수 있는 기간 팝업 창을 볼 수 있다. 다음 5일 동안의 추세를 예측하려고 한다고 가정하고 5일을 나타내는 텍스트 상자에 5d를 채운 다음 Execute 버튼을 클릭한다. 원할 경우 Close 버튼을 클릭해 창을 닫을 수 있다. Execute 버튼을 클릭하면 다음 화면과 같이 알고리즘이 실행돼 결과를 처리하고, 미래의 예측 트렌드를 다른 색상으로 표시한다.

위의 화면에서 다른 색으로 표시된 둘러싸는 영역이 있는 미래 추세 그래프를 볼 수 있다. 이 둘러싸인 영역은 예측의 가능한 변화를 보여주며, 면적이 좁을수록 예측이 더 좋다. 시간 범위에서 슬라이더를 움직여 선택한 시간 범위에 따라 그래프 뷰를 변경할 수 있다. 그 후 모든 방향으로 움직일 수 있는 슬라이더를 볼 수 있다.

위치에 따라 기본 그래프가 변경되고 해당 기간에 대한 세부 정보를 얻을 수 있다. 이상 세부 사항을 수집하고자 이상 테이블이 그래프 아래에 표시된다. 이러한 방식으로 머신러닝 작업을 사용해 모든 일래스틱서치 인덱스 데이터에 대한 예측을 생성할 수 있다. 이 예측을 사용해 향후 데이터 추세에 대한 아이디어를 얻을 수 있으며, 이는 계획에 도움이 된다. 예를 들어 전자상거래 애플리케이션의 판매와 성장에 대해 알고 싶다면 실제 위기 이전에 해당 정보를 알고 자원을 적시에 계획할 수 있다.

다중 메트릭 작업

여러 메트릭에 대해 동일한 데이터에서 여러 작업을 실행하는 것보다 여러 데이터 메트릭을 좀 더 효율적이고 쉽게 목표로 정할 수 있으므로 검출기가 둘 이상인 경우 다중 메트릭 작업을 사용할 수 있다. 기본적으로 다중 메트릭 작업은 여러 데이터 포인트를 동시에 분석하는 데 사용하는 머신러닝 작업이다. 여기에서는 동일한 비행 데이터 예제를 살펴보고 평균 티켓 가격과 두 비행시간을 모두 고려한다고 가정하고, AvgTicketPrice와 FlightTimeMin 필드로 작업한다. 단일/다중 메트릭 작업에서 둘 다 사용할 수 있다.

다중 메트릭 작업을 생성하려면 다음 과정을 따라 한다.

1. 다음과 같은 뷰를 열 수 있는 작업 선택 마법사에서 Multi metric 박스를 클릭한다.

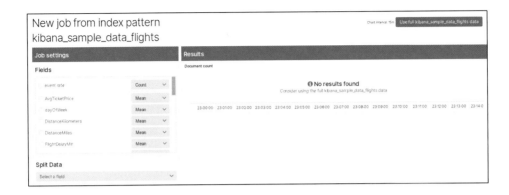

위의 화면은 다중 메트릭 작업을 생성할 수 있는 페이지를 보여준다. 여기에
서 필드를 클릭해 작업에 추가할 수 있다. AvgTicketPrice와 FlightTimeMin 필
드를 선택한다.

2. 다음으로 데이터를 분할할 필드를 선택한다. 여기서 Carrier 필드를 선택
   해 서로 다른 캐리어에 대한 데이터 포인트를 분할할 수 있다. Bucket span
   은 시간 간격을 갖고자 제공되므로 여기서 15분을 추가한다.

3. 마지막으로 작업의 이름과 설명을 제공해야 한다. 모든 것이 끝나면 Create
   job 버튼을 클릭해 작업을 생성한다. 다음 화면을 참고한다.

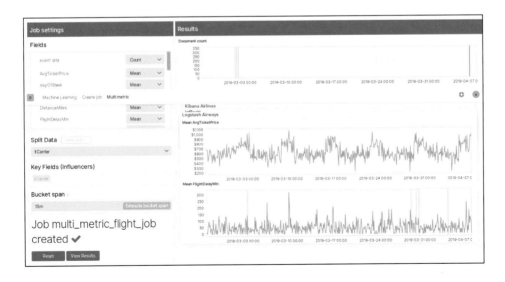

앞의 화면은 작업 생성 성공 페이지를 보여주며, 여기서 Job multi_metric_
flight_job created가 생성됐다는 메시지가 표시된다. 또한 캐리어 필드를
사용해 데이터를 분할하기 때문에 다른 캐리어 이름으로 누적된 다른 그
래프도 볼 수 있다.

4. 결과를 보려면 View Results 버튼을 클릭한다. 다음 화면을 참고한다.

위의 화면은 다중 메트릭 머신러닝 작업 결과 페이지를 보여준다. 이상 데이터가
색상 상자로 표시되는 Anomaly Explorer 뷰를 볼 수 있다. 색상 상자를 클릭하면 이
상 데이터를 표시하는 그래프와 표 형식으로 세부 정보를 볼 수 있다. 이 그래프에
서 파란색, 노란색, 빨간색 점을 볼 수 있는데, 여기에서 커서를 가리키면 세부 사
항을 볼 수 있다. 그래프 아래에는 일반적인 값 및 실제 값과 같은 세부 사항이 있
는 예외의 표 형식 표현이 있다. 페이지 왼쪽에서 Top Influencer를 볼 수 있으며,
최대 Inomaencer를 가진 캐리어 이름을 내림차순으로 볼 수 있다.

이런 방식으로 다중 메트릭 머신러닝 작업이나 단일 메트릭을 통해 데이터를 분석할 수 있다. 오른쪽 상단의 시간 선택기를 사용해서 기간을 변경해 특정 기간에 대한 세부 정보를 얻을 수 있다. 수영 레인에서 다음 화면과 같이 섹션을 클릭해 이상 데이터의 자세한 내용을 볼 수 있다.

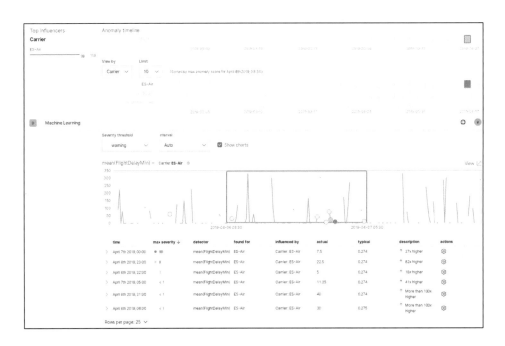

위의 화면에서는 전체 이상 징후 타임라인에서 빨간색 블록을 클릭했다. 이상 세부 정보 그래프가 열리고, 이를 통해 이상 부분에 대한 추가 정보를 얻을 수 있다. 모든 그래프의 오른쪽 상단에는 단일 메트릭 뷰어에서 그래프를 여는 View 링크가 있다. 여기에서 예측과 같은 단일 메트릭 작업에서 지원되는 모든 작업을 수행할 수 있다. 예측은 '단일 메트릭 작업' 절에서 이미 설명했다.

인구 작업

모집단 작업은 모집단 분석에서 작동하는 일종의 작업으로, 먼저 데이터를 분석해 일반 추세를 식별해야 한다. 인구 분석은 정상 추세의 프로파일을 작성한 다음 개별 데이터 세트가 모집단의 정상 추세와 비교해 비정상적으로 작동하는지 여부를 식별한다.

인구 작업을 생성하려면 다음 단계를 따라 한다.

1. 작업 선택 마법사에서 Population 박스를 클릭하면 다음 뷰를 열 수 있다.

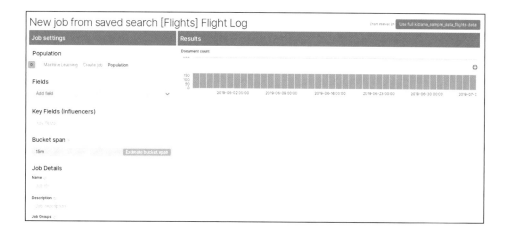

위의 화면은 머신러닝 작업의 인구 종류를 위해 작업 생성 화면을 보여 준다.

2. 작업을 실행하려면 Job setting 매개변수를 추가한다. 예를 들어 인구에 대한 Carrier 필드를 추가한 후 필드 아래에 FlightDelayMin 필드를 추가했다. Bucket span이 15m으로 설정됐다. 그런 다음 작업 이름, 설명 등을 제공했다.

3. 이러한 세부 사항을 모두 입력한 후 다음 화면과 같이 Create job 버튼을 클릭해 작업을 만들 수 있다.

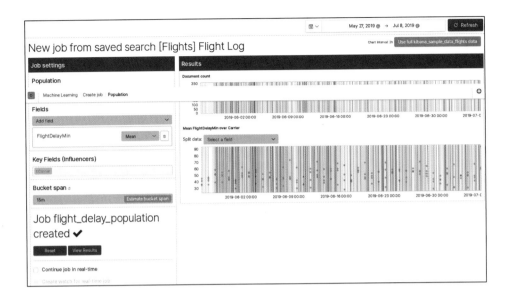

위의 화면은 작업 작성 성공 페이지를 보여준다. 여기서 Job flight_delay_ population created가 작성됐다는 메시지가 표시된다. 캐리어 수에 대한 Document count와 Mean FlightDelayMin over Carrier 같은 다른 그래프도 볼 수 있다.

4. 결과를 보려면 다음 화면처럼 View Results 버튼을 클릭한다.

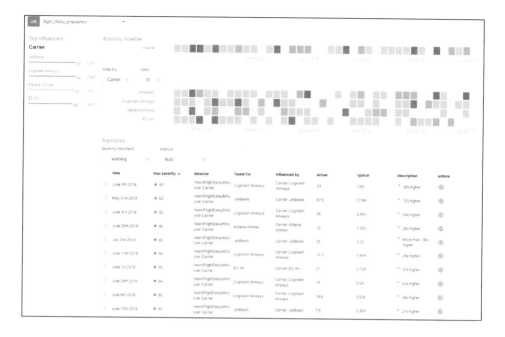

위의 화면은 이전 유형의 작업에서 설명한 것과 동일한 예외 탐색기 뷰를 보여준다. 여기에는 다양한 색상의 블록이 있는 예외 타임라인이 있으며, 그 아래에는 다양한 예외의 테이블 형식 뷰가 있다. 이런 방식으로 키바나에서 인구 머신러닝 작업을 생성하고 실행할 수 있다.

같은 방식으로 키바나에서 고급 작업을 만들 수 있다. 고급 작업은 다양한 옵션을 선택할 수 있는 유연성을 제공하지만, 이 작업은 고급 사용 사례에만 사용할 수 있다. 고급 작업에서는 작업 세부 정보와 함께 분석 구성과 데이터 피드를 조정하고 JSON 파일을 편집하며, 작업을 만들기 전에 JSON 파일 형식으로 데이터를 미리 볼 수 있다.

이런 식으로 키바나에서 다양한 유형의 머신러닝 작업을 생성해 데이터에서 이상한 부분을 찾고 향후 추세를 예측할 수 있다.

작업 관리

작업 관리에서 작업 목록 페이지를 통해 기존의 모든 작업을 관리할 수 있다. 작업이 생성되면 Machine Learning 페이지의 Manage jobs 섹션에서 볼 수 있다. 작업을 관리하려면 Machine Learning 페이지에서 Job Management 탭을 클릭해야 하며, 다음 화면을 볼 수 있다.

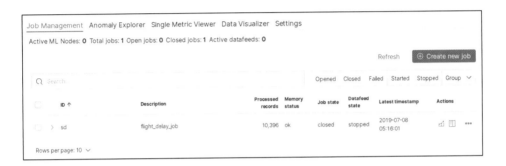

위의 화면에서는 이전에 설정했던 작업의 상세 정보를 볼 수 있다. 이 페이지에서 다음 정보들을 볼 수 있다.

- ID
- Description
- Processed records
- Memory status Job state
- Datafeed state
- Latest timestamp
- Actions

작업 ID 필드 앞의 확장 버튼을 클릭해 상세 뷰를 열면 뷰를 확장할 수 있다. 상세 뷰에는 다음과 같은 탭들이 있다.

- Job settings

- Job config

- Datafeed

- Counts

- JSON

- Job messages

- Datafeed preview

- Forecast

작업 환경 설정

Job settings 탭에는 job_id, job_type, job_version, groups, description, create_time, finished_time, model_snapshot_retention_days, model_snapshot_id, results_index_name, state, open_time 필드 세부 사항을 표시하는 일반 섹션이 있다. 다음 화면은 Job Settings 탭의 뷰를 보여준다.

위의 화면은 다른 필드 이름이나 값들과 함께 Job settings 탭 뷰를 보여준다.

작업 설정

Job config 탭 아래에서 머신러닝 작업을 실행하는 데 사용했던 설정 정보를 볼 수 있다. 이는 Detectors, Analysis config (bucket_span, summary_count_field_name), Analysis limits (model_memory_limit), Data description (time_field, time_format) 세부 정보들을 보여준다.

다음 화면은 Job config 탭의 뷰를 보여준다.

Job settings	Job config	Datafeed	Counts	JSON	Job messages	Datafeed preview	Forecasts	Annotations

Detectors

  max(FlightDelayMin)

Analysis config

  bucket_span   15m

  summary_count_field_name   coc_count

Analysis limits

  model_memory_limit   10mb

  categorization_examples_limit   4

Data description

  time_field   timestamp

  time_format   epoch_ms

위의 화면은 Detectors, Analysis config, Analysis limits, Data description과 같은 다른 블록과 함께 Job config 탭 뷰를 보여준다.

데이터피드

Datafeed는 datafeed_id, job_id, query_delay, indices, query, aggregations, scroll_size, chunking_config, delayed_data_check_config, state 필드와 같은 다른 옵션들을 보여준다. 다음 화면은 Datafeed 탭의 뷰를 보여준다.

Job settings	Job config	Datafeed	Counts	JSON	Job messages	Datafeed preview	Forecasts	Annotations

Datafeed

datafeed_id	datafeed-sd
job_id	sd
query_delay	85045ms
indices	kibana_sample_data_flights
query	{"bool":{"must":[{"match_all":{}}]}}
aggregations	{"buckets":{"date_histogram": {"field":"timestamp","interval":90000},"aggregations": {"FlightDelayMin":{"max": {"field":"FlightDelayMin"}},"timestamp":{"max": {"field":"timestamp"}}}}}
scroll_size	1000
chunking_config	{"mode":"manual","time_span":"90000000ms"}
delayed_data_check_config	{"enabled":true}
state	stopped

위의 화면은 다른 필드 이름이나 값들을 보여주는 Datafeed 탭 뷰를 보여준다.

총계

Counts 탭에서는 Counts와 Model size stats라는 2가지 섹션들을 볼 수 있다. Counts 아래에서 job_id, processed_record_count, processed_field_count, input_bytes, input_field_count, invalid_date_count, out_of_order_timestamp_count, empty_bucket_count, sparse_bucket_count, bucket_count, earliest_record_timestamp, latest_record_timestamp, last_data_time, input_record_count와 같은 다른 필드를 볼 수 있다. Counts와 함께 job_id, result_type, model_bytes, total_by_field_count, total_over_field_count, total_partition_field_count, memory_status, log_time, timestamp를 포함하는 Model size stats를 가진다. 다음 화면은 Counts 탭의 뷰를 보여준다.

| Job settings | Job config | Datafeed | Counts | JSON | Job messages | Datafeed preview | Forecasts | Annotations |

Counts

job_id	sd
processed_record_count	10,306
processed_field_count	20,792
input_bytes	644.9 KB
input_field_count	20,792
invalid_date_count	0
missing_field_count	0
out_of_order_timestamp_count	0
empty_bucket_count	199
sparse_bucket_count	0
bucket_count	4,031
earliest_record_timestamp	2019-05-27 05:30:00
latest_record_timestamp	2019-07-08 05:16:01
last_data_time	2019-06-08 15:17:06
latest_empty_bucket_timestamp	2019-07-08 05:00:00
input_record_count	10,396

Model size stats

job_id	sd
result_type	model_size_stats
model_bytes	39.2 KB
total_by_field_count	3
total_over_field_count	0
total_partition_field_count	2
bucket_allocation_failures_count	0
memory_status	ok
log_time	2019-06-08 15:18:43
timestamp	2019-07-08 05:00:00

위의 화면은 Counts, Model size stats 옵션들과 함께 Counts 탭 뷰를 보여준다.

JSON

JSON 탭 뷰에는 전체 작업 관련 세부 정보의 JSON 데이터가 표시되며, 여기에서 JSON 형식으로 복사할 수 있다. 다음 화면은 JSON 탭의 뷰를 보여준다.

| Job settings | Job config | Datafeed | Counts | JSON | Job messages | Datafeed preview | Forecasts | Annotations |

```
1 ▾ {
2     "job_id": "sd",
3     "job_type": "anomaly_detector",
4     "job_version": "7.8.0",
5     "description": "flight_delay_job",
6     "create_time": 1559987289125,
7     "finished_time": 1559987323635,
8 ▾   "analysis_config": {
9         "bucket_span": "15m",
10        "summary_count_field_name": "doc_count",
11 ▾      "detectors": [
12 ▾        {
13             "detector_description": "max(FlightDelayMin)",
14             "function": "max",
15             "field_name": "FlightDelayMin",
16             "detector_index": 0
17          }
18        ],
19        "influencers": []
20      },
21 ▾    "analysis_limits": {
22        "model_memory_limit": "10mb",
23        "categorization_examples_limit": 4
24      },
25 ▾    "data_description": {
26        "time_field": "timestamp",
27        "time_format": "epoch_ms"
28      },
29 ▾    "model_plot_config": {
30        "enabled": true
31      },
32      "model_snapshot_retention_days": 1,
33 ▾    "custom_settings": {
34        "created_by": "single-metric-wizard",
35        "custom_urls": []
36      },
37      "model_snapshot_id": "1559987229",
38      "results_index_name": "shared",
```

앞의 화면은 JSON 탭 뷰를 보여준다. 여기서는 JSON 포맷에서 머신러닝 작업 설명을 볼 수 있다.

작업 메시지

Job messages 탭에는 머신러닝 작업에 대한 시간별 로그 메시지가 표시된다. 이러한 작업은 작업 생성의 전체 흐름을 이해할 수 있는 로그 메시지를 제공하므로 매우 유용하다. 다음 화면은 Job message 탭의 뷰를 보여준다.

위의 화면은 시간과 함께 작업과 관련된 다른 메시지를 보여주는 Job messages 탭 뷰를 보여준다.

데이터피드 미리보기

Datafeed preview 탭 뷰는 집계된 문서 데이터에 대한 JSON 뷰를 제공한다. 다음 화면은 Datafeed preview 탭 뷰를 보여준다.

```
15      "timestamp": 1558917167000,
16      "doc_count": 1
17    },
18  ▾ {
19      "FlightDelayMin": 0,
20      "timestamp": 1558917211000,
21      "doc_count": 1
22    },
23  ▾ {
24      "FlightDelayMin": 300,
25      "timestamp": 1558917411000,
26      "doc_count": 2
27    },
28  ▾ {
29      "FlightDelayMin": 180,
30      "timestamp": 1558917848000,
31      "doc_count": 2
32    },
33  ▾ {
34      "FlightDelayMin": 0,
35      "timestamp": 1558918029000,
36      "doc_count": 1
37    },
38  ▾ {
39      "FlightDelayMin": 0,
40      "timestamp": 1558918728000,
41      "doc_count": 1
42    },
43  ▾ {
44      "FlightDelayMin": 15,
45      "timestamp": 1558918911000,
46      "doc_count": 1
47    },
48  ▾ {
49      "FlightDelayMin": 300,
50      "timestamp": 1558919300000,
51      "doc_count": 2
52    }
53  ]
```

위의 화면에서는 총계와 함께 JSON 데이터를 볼 수 있는 Datafeed preview 탭 뷰를 보여준다.

예측

Forecasts 탭 뷰에는 머신러닝 작업에서 생성한 예측 목록이 표시된다. 다음 화면 과 같이 예측 페이지를 볼 수 있는 링크와 함께 생성 날짜, 기간, 상태, 메모리 크기, 처리 시간, 만료 날짜 등을 제공한다.

위의 화면은 지금까지 생성했던 예측들의 목록을 얻을 수 있는 Forecasts 탭 뷰를 보여준다.

▌ 요약

10장에서는 키바나의 머신러닝 기능을 설명했다. 먼저 일래스틱 머신러닝의 소개로 시작한 후 키바나를 사용해 머신러닝의 다양한 기능을 설명하고, 머신러닝 작업 생성을 살펴봤다. 여기서 실제 작업을 실행하기 전에 데이터 시각화 도구를 사용해 데이터를 이해하는 방법을 설명했다. 다중 메트릭과 채우기 작업 생성 및 분석으로 넘어 가기 전에 단일 메트릭 작업 생성과 분석으로 머신러닝 작업을 시작했다. 또한 머신러닝을 사용한 예측을 다뤄 향후 추세를 예측하고 그에 따라 계획할 수 있다.

| 찾아보기 |

키바나 7 배우기 2/e

데이터 시각화 기능을 활용한 일래스틱 대시보드 구축

발 행 | 2020년 9월 29일

지은이 | 아누라그 스리바스타바 · 바할딘 아자미
옮긴이 | 정 현 지

펴낸이 | 권 성 준
편집장 | 황 영 주
편 집 | 이 지 은
디자인 | 박 주 란

에이콘출판주식회사
서울특별시 양천구 국회대로 287 (목동)
전화 02-2653-7600, 팩스 02-2653-0433
www.acornpub.co.kr / editor@acornpub.co.kr

한국어판 ⓒ 에이콘출판주식회사, 2020, Printed in Korea.
ISBN 979-11-6175-454-3
http://www.acornpub.co.kr/book/learning-kibana7

이 도서의 국립중앙도서관 출판시도서목록(CIP)은 서지정보유통지원시스템 홈페이지(http://seoji.nl.go.kr)와
국가자료공동목록시스템(http://www.nl.go.kr/kolisnet)에서 이용하실 수 있습니다.(CIP제어번호: CIP2020040087)

책값은 뒤표지에 있습니다.